Italian Coursebook

Authors

Rosanna Brambilla
Alessandra Crotti

and

Lucia von Albertini
Teresa Di Fonzo-Weil
Werner Forner
Michael Hörburger

Additional Material by

Jonathan Owen

Stanley Thornes (Publishers) Ltd.

avanti!

Italian Coursebook

Authors

Rosanna Brambilla
Alessandra Crotti

and

Lucia von Albertini
Teresa Di Fonzo-Weil
Werner Forner
Michael Hörburger

Additional Material by

Jonathan Owen

Graphic Design by

Sergio Salaroli, Roma

Original edition (published as *Buongiorno* Coursebook 1)
© 1984 Ernst Klett Verlag für Wissen und Bildung GmbH & Co. KG, Stuttgart,
Federal Republic of Germany
Additional and modified material for this edition
© 1988 Jonathan Owen.

This licensed edition of material from *Buongiorno* 1 first published in 1988
by Stanley Thornes (Publishers) Ltd, with the approval of Ernst Klett Verlag.
Reprinted 1989, 1991

British Library Cataloguing in Publication Data
Brambilla, Rosanna
  Avanti!
  1. Italian language – Questions and answers
  I. Title
  458

  ISBN 0-85950-846-3

Printed in Hong Kong by Dah Hua Printing Co., Ltd.

Contents

Theme/Situation	Communicative Aims	Main Language

5 Finding the Way in Town Page 36

A – In a foreign town (in the street/on a bus) B UNA DOMENICA IN CITTÀ	– asking about shops/transport – asking the way – understanding and giving directions – excusing oneself	– *c'è* – adverbs of place – prepositions of place – ordinal numbers – 2nd person plural – sentences with the infinitive

6 Buying Food Page 44

A – Recipes – Different shops, and at the market B AL MERCATO	Shopping conversations: – asking for something – giving quantities – asking about quantity/price – expressing requirements – expressing opinions	– quantities with *di* – definite article III: (singular/plural) – present of verbs – *c'è, ci sono* – *da* with article (singular) – adjectives III: (singular/plural); absolute superlative

7 Talking about Ourselves and Others Page 53

A – Conversations between colleagues and friends – Questions about jobs B CARA LUISELLA	– talking about what happened in the past – talking about belongings – talking about jobs and personal circumstances – expressing happiness/sadness	– *passato prossimo* I – year, month and date – possessive pronouns I – *di* with article (plural) – *molto/tanto/troppo/poco* – impersonal expressions with the infinitive following *è* (*È difficile trovare lavoro oggi.*) – *rimanere*

8 Invitations Page 62

A – Invitation to meet – Invitation for a meal – Invitation to visit friends B UNA VISITA	– accepting/declining invitations – making an appointment – greeting a guest – introductions – saying goodbye – writing a thank-you letter	– times and days of the week – *potere, volere, dovere* – *passato prossimo* II – possessive pronouns II – prepositions of place (*da*) – object pronouns: *mi, ti, Le, La*

Theme/Situation	Communicative Aims	Main Language

17 Holidays – today and earlier Page 147

A – Festivals
  – Carnival in Venice

B LE FESTE IERI E OGGI

– comparisons
– describing things in the past
– extracting information from text

– comparative sentences II
– *imperfetto*

The Future Tense

Presentation and practice material on the future tense can be found on pages 80–84 of the worksheet section in the Teacher's Book.

Symbols

 Listening text or
Listening comprehension

Reading text
(also on cassette)

 A₁ ~ Buonasera. Mi chiamo Alessandra Gori, e Lei?
 ≈ Mi chiamo Lisa Harding.
~ E Lei, come si chiama?
≈ Mi chiamo Michael Owen.

A₂ ~ Chi è il signor Ball?
≈ Sono io.
 ~ E la signora Davies?
≈ Sono io.

A₃ ~ È Lei il signor Edwards?
≈ Sì, sono io.
 ~ È Lei la signorina Harding?
≈ No, sono la signora Burrows.
~ Come si chiama, scusi?
≈ Burrows.

È Lei	il signor . . . ?
	la signora . . . ?
	la signorina . . . ?

Sì, sono io.

No, sono la signora . . .

No, mi chiamo . . .

A₄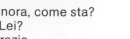
~ Buongiorno, signora, come sta?
≈ Bene, grazie, e Lei?
~ Non c'è male, grazie.

A₅
~ Ciao, Francesca, come stai?
≈ Bene, grazie, e tu?
~ Sto abbastanza bene.

Buongiorno, Buonasera,	signora, signorina, signor…,	come sta?

Ciao, Francesca,   come stai?

(Sto)   bene.
(Sto)   abbastanza bene.
Non c'è male.

ALLORA ARRIVEDERCI

ARRIVEDERCI

ALLORA CIAO

CIAO

~ Come ti chiami?
≈ Antonella, e tu?
~ Franco.

A₇ ~ Chi è?
≈ È la signora Galli de Galloni.
~ Come si chiama?
≈ Gal-li de Gal-lo-ni.

Stephen Hope   e Lei, come si chiama?

(Io) mi chiamo

Anna   e tu, come ti chiami?

E la signora come si chiama?

Julie Austin.

Mi chiamo

Bruno.

Si chiama . . .

ESERCIZIO 1   CHI È?

~ È il signor Rodari?
≈ No, è il signor Biagini.

Continuate.

~ È la signorina Croce?
≈ No, è la signora Spiga.

Cocco

Galli

Mancini

Pagani

1. sig. Cellini?   2. sig. ra Giorgetti?   3. sig. na Lega?   4. sig. Pugi?

ESERCIZIO 2 CHE COSA DICONO?

ESERCIZIO 3 FATE LA CONVERSAZIONE.

~ Buongiorno, signor Micene, come sta?
≈ Bene, grazie, e Lei?
~ Abbastanza bene.

~ Ciao, Roberto, come stai?
≈ Non c'è male, grazie, e tu?
~ Bene.

1. Mario   Anna   2. sig. na Pace   sig. Guccini   3. Marco   sig. ra Dolci   4. sig. ra Gala   sig. Colli

ESERCIZIO 4 IN CLASSE

Greet each other, ask how the other is and then say goodbye.

A₁

~ Lei di dov'è?
≈ Sono di Napoli, e Lei?
~ Di Roma.

A₂

~ Come ti chiami?
≈ Antonella, e tu?
~ Mario. Di dove sei?
≈ Di Pescara, ma abito a Verona.

Di dov'è?	Sono di . . .
Di dove sei?	Sono di . . . , ma abito a . . .
Di dov'è Antonella?	È di . . . , ma abita a . . .

ESERCIZIO 1   DI DOV'È?

~ Di dov'è, signor Phillips?
≈ Sono di Nottingham,
  ma abito a Northampton.

Continuate.

1. sig. ra Green
Lincoln/Winchester

2. sig. na Manners
Crewe/Birmingham

3. sig. Girotti
Messina/Palermo

4. sig. na Puccini
Perugia/Roma

A₃

~ Pronto!

~ Ciao, Paolo. Ma dove sei?

~ Come stai?

~ Anch'io.

≈ Pronto, Anna? Sono Paolo.

≈ Sono in Inghilterra, a Londra.

≈ Bene, grazie, e tu?

Dove sei? Dov'è?	Sono in Inghilterra, a Londra.

ESERCIZIO 2   E ADESSO TELEFONATE VOI.

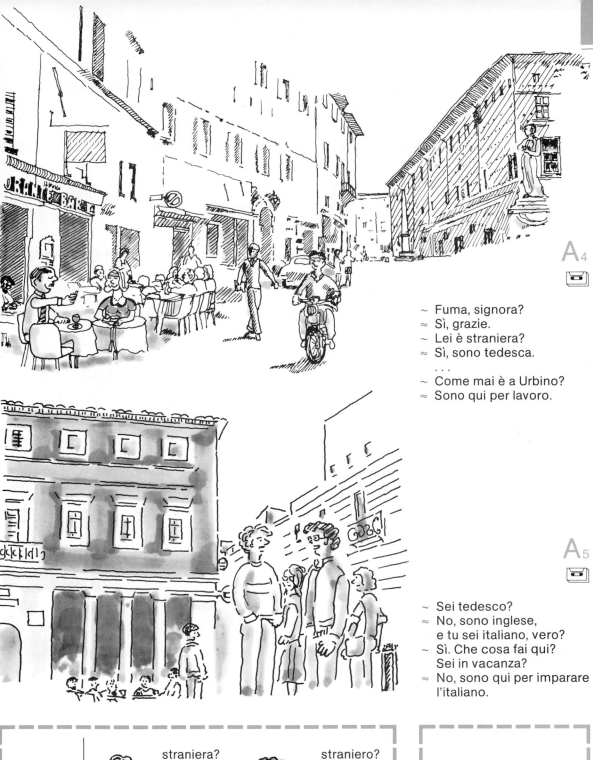

A₄

~ Fuma, signora?
≈ Sì, grazie.
~ Lei è straniera?
≈ Sì, sono tedesca.
   . . .
~ Come mai è a Urbino?
≈ Sono qui per lavoro.

A₅

~ Sei tedesco?
≈ No, sono inglese,
   e tu sei italiano, vero?
~ Sì. Che cosa fai qui?
   Sei in vacanza?
≈ No, sono qui per imparare
   l'italiano.

| (Lei) è | | straniera? tedesca? austriaca? spagnola? svizzera? italiana? inglese? francese? | | straniero? tedesco? austriaco? spagnolo? svizzero? italiano? inglese? francese? | Sì, sono . . . No, sono . . . |
| (Tu) sei | | | | | |

Come mai	è sei	in Italia? a Urbino? qui?		Sono qui	per imparare l'italiano. per lavoro. in vacanza.
Che cosa	fa fai				

ESERCIZIO 3   CHI È? DI DOV'È?

~ Chi è?
≈ È Doris.
~ Di dov'è?
≈ È svizzera, di Zurigo.

Continuate.

1. Ingrid

2. Diane

3. Pedro

4. Marco

5. John

ESERCIZIO 4   COMPLETATE I DIALOGHI.

1. You are in Italy.
   An Italian asks you:

   You say yes and tell them your nationality:

   You answer further questions
   and say goodbye at the end
   of the conversation.

~ Lei è straniero (straniera), vero?

≈ _____

~ Di dov'è?

≈ _____

~ Come mai è qui in Italia?

≈ _____

~ Allora arrivederci.

≈ _____

2. You have heard that a new neighbour (colleague) is an Italian. You would like to make his acquaintance.

   You ask whether your new neighbour
   is Italian:

   You ask him from which town he comes:

   You introduce yourself and ask
   his name:

   You do not understand the name
   and ask him again:

~ _____

≈ Sì.

~ _____

≈ Di Lecce.

~ _____

≈ Vincenzo Capece.

~ _____

≈ Ca - pe - ce.

IN TRENO

Monika: È libero questo posto?
Roberto: Sì, prego.
Roberto: Fumi?
Monika: No, grazie.
Roberto: Sei straniera?
Monika: Sì, sono tedesca.
Roberto: Di dove?
Monika: Sono di Berlino. E tu?
Roberto: Di Ravenna, ma abito a Bologna.
        Sei qui in vacanza?
Monika: Sì, ma anche per imparare l'italiano.
Roberto: E che cosa fai in Germania?
Monika: Studio architettura.
Roberto: Io lavoro in banca. Senti . . .
        come ti chiami?
Monika: Monika e tu?
Roberto: Roberto.

Monika: . . . questa è Bologna?
Roberto: Eh sì. Allora ciao, Monika.
Monika: Ciao.

ESERCIZIO 5   VERO O FALSO?

vero falso

1. Monika è straniera.
2. Roberto abita a Ravenna.
3. Monika è in Italia per lavoro.
4. Roberto lavora in banca.
5. Monika fuma.

ESERCIZIO 6   ROBERTO E MONIKA

1. Roberto tells a friend about his meeting on a train.
   What does he say?

   _____ Monika.

   È _____, di _____

   _____ Italia per _____

   _____ studia _____

2. What does Monika know about her fellow passenger?

   _____

   _____, ma abita _____

   Lavora _____

ESERCIZIO 7   TROVATE LA RISPOSTA GIUSTA.

1. È libero questo posto?
2. Lei è straniera?
3. Di dov'è?
4. È in vacanza?
5. Fuma?
6. Io mi chiamo Sergio Gentile, e Lei?

a) Di Londra.
b) Alice Douglas.
c) Sì, grazie.
d) Sì, sono inglese.
e) Sì, prego.
f) No, sono qui per lavoro.

ESERCIZIO 8   NOME, COGNOME . . .

You want to enrol on a language course in Italy. In order to do this you must fill in a form.
You use a friend's identity card to help you complete the form.

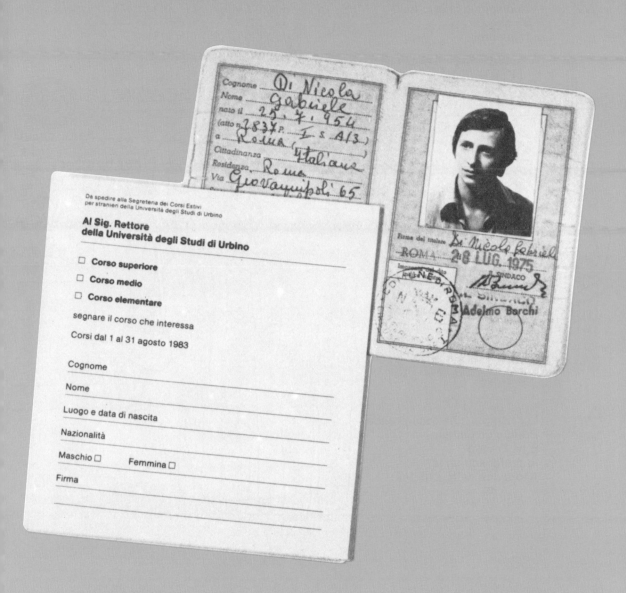

A₁
~ Ho sete, prendiamo qualcosa?
≈ Sì, volentieri.
~ Andiamo in questo bar?
≈ Va bene.
≈ D'accordo.

A₂
~ Lei, signora, che cosa prende?
≈ Prendo un caffè.
~ E tu, Franco?
≈ Io preferisco un tè.
~ Allora due caffè e un tè.

Lei, signora,	che cosa	prende?
E tu, Franco,		prendi?

Prendo
un'acqua minerale   un martini
un cappuccino   un amaro   una birra
un cognac   un'aranciata   uno stravecchio
un crodino
un succo di pompelmo

Prende	un caffè?
Prendi	. . . ?

Sì, volentieri.
Sì, grazie.
No, preferisco . . .
No, grazie.

ESERCIZIO 1 CHE COSA PRENDIAMO?

~ Prendiamo un caffè?
≈ Sì, volentieri.

~ Prendiamo un tè?
≈ No, preferisco un caffè.

Continuate.

1. aranciata?

2. birra?
   succo di pompelmo

3.cappuccino?

4. martini?
   stravecchio

A₃

 zero

 uno

 due

 tre

 quattro

 cinque

 sei

 sette

 otto

 nove

 dieci

 undici

 dodici

 tredici

 quattordici

 quindici

 sedici

 diciassette

 diciotto

 diciannove

 venti

ESERCIZIO 2 CHE NUMERO È?

ESERCIZIO 3   QUANTO FA?

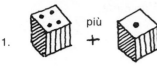  

A₄   ~ Un cappuccino e una pasta, quant'è?
     ≈ 1200 (milleduecento) lire.

LISTINO PREZZI

CAFFÈ	500
CAPPUCCINO	800
CIOCCOLATA	900
TÈ	500
PASTA	400
ARANCIATA	700
BIRRA	900
COCA COLA	700
SPREMUTA	900
MINERALE	250

ESERCIZIO 4   AL BAR

~ Un caffè, quant'è?
≈ 500 lire.

Continuate.

50	**100**	**200**	**300**	**400**	**500**	**600**	**700**
cinquanta	cento	duecento	trecento	quattrocento	cinquecento	seicento	settecento

800	**900**	**1000**	**2000**	**3000**	**4000**	**5000**
ottocento	novecento	mille	duemila	tremila	quattromila	cinquemila

A₅

~ Cameriere!
≈ Sì . . . che cosa desidera?
~ Una birra.
≈ Bene, subito.
~ Un momento . . . vorrei anche mangiare qualcosa.
≈ Una pizza, un toast o un panino?
~ Un toast va bene.

| Che cosa desidera? | Vorrei un toast. |

ESERCIZIO 5   CHE COSA DESIDERA?

ESERCIZIO 6   UN PANINO, UNA PIZZA?

~ _____!

≈ Sì . . . che cosa desidera?

~ _____

≈ Bene, subito.

~ _____

≈ Un panino, una pizza?

~ _____

A CASA DI FRANCO

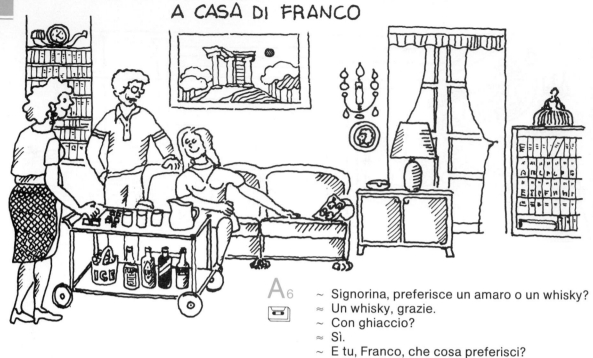

A₆

~ Signorina, preferisce un amaro o un whisky?
≈ Un whisky, grazie.
~ Con ghiaccio?
≈ Sì.
~ E tu, Franco, che cosa preferisci?
≈ Anch'io prendo un whisky ma senza ghiaccio.

Signorina,	preferisce		Preferisco . . .
		un amaro o un whisky?	
E tu, Franco,	preferisci		

ESERCIZIO 7   CHE COSA PREFERISCE?

~ Signor Cocciante, preferisce una grappa o un whisky?

≈ _____

~ E tu, Sandro, che cosa preferisci?

≈ _____   *Continuate.*

1. sig. Carlini/Gianni   2. sig. ra Cecchi/Giulio   3. sig.na Lelli/Angela   4. sig. Facchi/Paolo

ESERCIZIO 8   TROVATE LA RISPOSTA GIUSTA.

1. Che cosa prendi?   a) Sì, volentieri.
2. Prendiamo qualcosa?   b) Una pizza.
3. Che cosa desidera?   c) No, preferisco un'aranciata.
4. Prendi un caffè?   d) Preferisco un martini.
5. Preferisci un martini o un cognac? e) Prendo uno stravecchio.

AL BAR MAZZINI

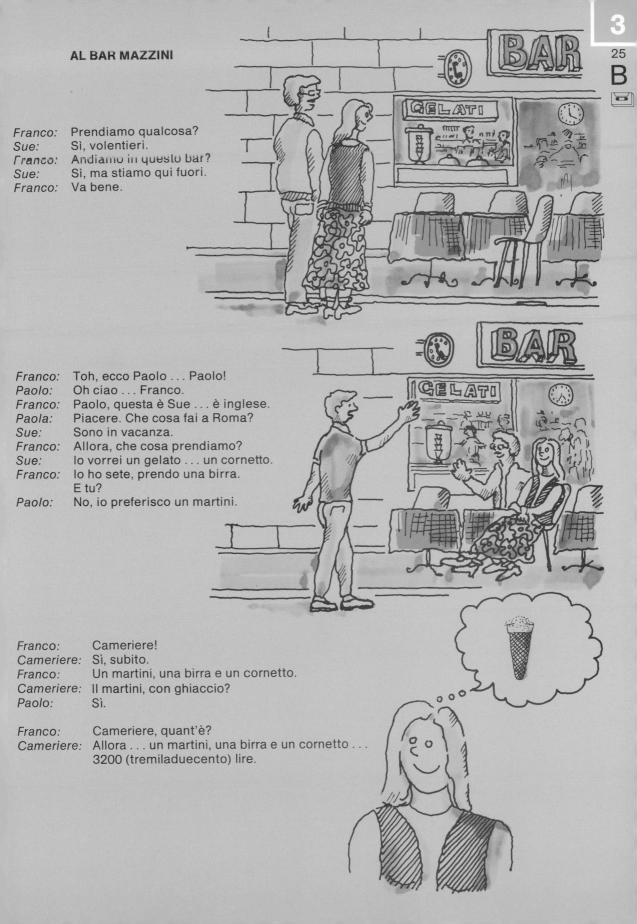

Franco: Prendiamo qualcosa?
Sue: Sì, volentieri.
Franco: Andiamo in questo bar?
Sue: Sì, ma stiamo qui fuori.
Franco: Va bene.

Franco: Toh, ecco Paolo . . . Paolo!
Paolo: Oh ciao . . . Franco.
Franco: Paolo, questa è Sue . . . è inglese.
Paola: Piacere. Che cosa fai a Roma?
Sue: Sono in vacanza.
Franco: Allora, che cosa prendiamo?
Sue: Io vorrei un gelato . . . un cornetto.
Franco: Io ho sete, prendo una birra.
E tu?
Paolo: No, io preferisco un martini.

Franco: Cameriere!
Cameriere: Sì, subito.
Franco: Un martini, una birra e un cornetto.
Cameriere: Il martini, con ghiaccio?
Paolo: Sì.

Franco: Cameriere, quant'è?
Cameriere: Allora . . . un martini, una birra e un cornetto . . .
3200 (tremiladuecento) lire.

ESERCIZIO 9   QUAL È LA RISPOSTA GIUSTA?

1. Sue è
austriaca. ☐
inglese. ☐
svizzera. ☐

2. Sue è a Roma
in vacanza. ☐
per lavoro. ☐
per imparare l'inglese. ☐

3. Franco prende
una birra. ☐
un tè. ☐
un martini. ☐

4. Sue desidera
un gelato. ☐
un'aranciata. ☐
uno stravecchio. ☐

5. Paolo preferisce
un gelato. ☐
un'aranciata. ☐
un martini. ☐

ESERCIZIO 10   COMPLETATE IL DIALOGO.

There are several bars in the street. You suggest to your companion that you should have a drink.

~ _____

≈ Sì, volentieri.

You are outside a bar that you like and you suggest going in.

~ _____

≈ Va bene.

You ask your companion what he/she would like to drink.

~ _____

≈ Una birra.

You say that you would like a Martini.

~ _____

You call the waiter and order a beer and a Martini with ice.

_____

A₁

📖

ALBERGO RISTORANTE

3 Ceri

GUBBIO - Piazza 40 Martiri/Via Beneamati n. 6/8 - Tel. (075) 92 733 04
92 728 53

Camera da letto con bagno

Sala da pranzo (Stile 300)

Nel centro storico di Gubbio, vicino alla chiesa di S. Francesco, ideale per un soggiorno tranquillo.
30 camere con bagno e telefono, 60 posti letto, riscaldamento e aria condizionata.
Ristorante – Sale da pranzo per banchetti – Cucina tipica umbra.

ALBERGO TRE CERI
(denominazione dell' esercizio)

CATEGORIA II   CAMERA N. 106   LETTI 2
Catégorie · Class · Reng Chambre · Room · Zimmer Lits · Beds · Betten

ANNO 1984

	Camera Chambre Room Zimmer	Pensione Pension Full board (1)
LIRE	43.500	45.000

(1) Per persona - Par personne
For person - Pro Person

PREZZO TUTTO INCLUSO
PRIX TOUT COMPRIS - PRICE ALL INCLUDED
PREIS ALLES INBEGRIFFEN

REGIONE DELL' UMBRIA
GIUNTA REGIONALE - UFFICIO TURISMO

A₂

~ Vorrei una camera singola per una settimana.
≈ Con bagno o con doccia?
~ Con doccia. Quanto costa?
≈ 25.000 lire al giorno.
~ Va bene.
≈ Ha un documento, per favore?
~ Sì, ecco il passaporto.
≈ Grazie.

Vorrei una camera	singola a un letto	con	bagno.
	doppia a due letti		doccia.
	matrimoniale	senza	balcone.

A₃

~ Avete due camere per questa notte?
≈ No, mi dispiace, abbiamo solo una camera a quattro letti.
~ Per una notte va bene.
≈ Ecco la chiave.

Avete	due camere	per	una settimana? una notte? tre giorni?	Sì. No, mi dispiace. No, abbiamo solo . . .

LA DOCCIA NON FUNZIONA!!

UN MOMENTO, SIGNORE! VENGO SUBITO.

~ Vorrei telefonare a Birmingham.
≈ Cabina numero 3.
~ Qual è il prefisso per l'Inghilterra?
≈ È 0044 (zero-zero-quarantaquattro).
~ Grazie.
. . .
Allora 0044 21 316 4062 (zero-zero-quarantaquattro-ventuno-tre-sedici-quaranta-sessantadue).

Qual è	il prefisso	per l'Inghilterra?		0044
		di Venezia?		041
	il numero	del soccorso pubblico di emergenza?	È	113
		dell'ACI?		116
		della segreteria telefonica?		110

A₅

~ Ciao, Carlo, sono Franca, sono qui
con mio marito.
≈ Franca! Ma dove siete?
~ Siamo all'albergo Arena, vicino
al centro.
. . .
≈ E com'è la camera? È bella?
~ Sì, non è grande, ma mi piace.
≈ Ma il posto non è troppo rumoroso?
~ No, è abbastanza tranquillo. Senti,
hai tempo stasera?
≈ Certo. Vengo all'albergo, va bene?
~ D'accordo. Allora a stasera!

Dove siete?	Siamo	a Padova. al ristorante. all'hotel . . . alla pensione . . . in centro.

ESERCIZIO 1   DOVE SIETE?

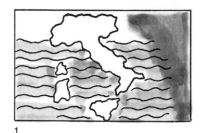

1.

2.

3.

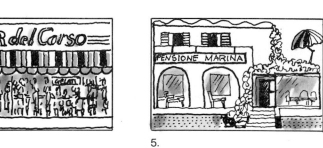

4.

5.

Com'è	il posto? l'albergo? ——— la pensione? la camera?

È	bello ideale
	        tranquillo brutto
	———
	    rumorosa
	piccola grande

ESERCIZIO 2   COM'È L'ALBERGO? COM'È LA PENSIONE?

L'albergo è bello, mi piace.
La pensione è troppo rumorosa, non mi piace.

Continuate.

1.   2.   3.   4.

ESERCIZIO 3   IN UNA CITTÀ ITALIANA

You are in an Italian town with a friend and fall into conversation with a local.

He asks:

~ Di dove siete?

You say from which town you come:

≈ _____
~ Siete qui in vacanza?

You say yes and that you are staying at the Pension Vesurio:

≈ _____
~ Dov'è?

You say that it is close to the town centre:

≈ _____
~ E com'è?

You like the Pension but it is too noisy for you:

≈ _____
~ Io ho una camera libera.
È grande e tranquilla.

You ask how much it costs:

≈ _____
~ 18.000 lire al giorno.
Siete d'accordo?

You agree to the price:

≈ _____
~ Allora andiamo a vedere
la camera.

AGENZIA FERRI

Cortina d'Ampezzo
Hotel Dolomiti II cat.
camere con bagno,
balcone e telefono

Madonna di Campiglio
Residencehotel Antares
appartamenti
4–5 posti letto

CORVARA
luglio – agosto appartamento
2 camere (2 adulti e 2 bambini)
soggiorno – cucina – bagno –
balcone – garage

ESERCIZIO 4   FATE LE DOMANDE.

È ANCORA LIBERO L'APPARTAMENTO A CORVARA IN LUGLIO?

SÌ, È ANCORA LIBERO.

SÌ, È VICINO.

NO, È TRANQUILLO.

900'000 LIRE

È BELLISSIMO!

ALL'AGENZIA RIVAMAR

Impiegato: Buongiorno!

Carlo: Buongiorno. Cerchiamo una villetta a Senigallia per il mese di agosto, vicino al mare.

Impiegato: . . . agosto? a Senigallia? Mah, vediamo . . . quanti siete?

Sandra: Siamo in sette, quattro adulti e tre bambini.

Impiegato: Allora una villetta grande.

Sandra: Sì, con quattro camere.

Impiegato: Bene, vediamo . . . ah, ecco, abbiamo ancora una villetta con tre camere e un divano letto nel soggiorno.

Carlo: No, è troppo piccola, non è comoda!

Sandra: Ma Carlo, per Michelino il divano letto va bene.

Impiegato: Mi dispiace, signore, ma purtroppo non abbiamo altro. In luglio sì, ma in agosto . . .

Carlo: . . . e il posto com'è?

Impiegato: Ah, il posto è bellissimo! Ideale per una vacanza tranquilla. Ecco il dépliant.

Sandra: Bello, sì. Ti piace?

Carlo: Beh, non è brutto . . . e quanto costa?

Impiegato: Per il mese di agosto due milioni, tutto compreso: luce, gas e garage.

Carlo: Però è cara, eh!

Impiegato: Eh, caro signore . . . agosto è alta stagione!

Sandra: Senti, Carlo, prendiamo il dépliant e sentiamo che cosa dicono Paolo e Anna.

Carlo: Va bene.

Sandra: Allora torno io domani o telefono.

Impiegato: Benissimo.

Sandra, Carlo: Grazie, arrivederci.

Impiegato: Arrivederci.

ESERCIZIO 5   VERO O FALSO?

vero falso

1. Carlo desidera andare in vacanza in agosto.
2. Cerca una villetta vicino al mare per sette adulti.
3. L'impiegato non ha una villetta come desidera Sandra.
4. Il posto è tranquillo.
5. La villetta costa due milioni senza luce, gas e garage.
6. Sandra non prende subito la villetta perché desidera
   sentire che cosa dicono Anna e Paolo.

ESERCIZIO 6   IL BIGLIETTO DI SANDRA.

Sandra goes to see Anna and Paolo but can only find their five-year-old son at home.
Sandra leaves a note which shortly afterwards is left torn up on the table. See if you can put the note back together.

ESERCIZIO 7   TOMBOLA!

This is a game of luck for any number of players.
Ask your teacher to explain the rules.

ESERCIZIO 8   L'APPARTAMENTO GIUSTO

Famiglia Nuti

Paola   Giorgio

Famiglia Parini

Angela   Piero

Famiglia Tummino

Cristina   Salvatore

Francesca

Patrizio   Mario

Ada Tummino

«Cerchiamo un appartamento tranquillo con balcone e un grande soggiorno, non troppo vicino al centro».

«Cerchiamo un appartamento con un balcone per i bambini e una cucina abbastanza grande, anche in città».

«Cerchiamo un appartamento vicino al centro con balcone».

Quale appartamento va bene per la famiglia Nuti? Perché? E per la famiglia Parini? E per la famiglia Tummino?

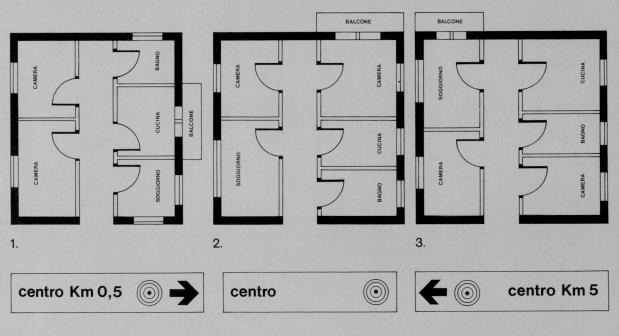

1.   2.   3.

centro Km 0,5 ⊚ ➡   centro ⊚   ⬅ ⊚ centro Km 5

A₁
~ Scusi, c'è una banca qui vicino?
≈ Sì, in via Verdi, la seconda strada a destra.
~ Tante grazie.
≈ Prego.

Scusi, c'è	una banca un bar . . .	qui vicino?

Sì, in via . . . ,	la prima la seconda la terza la quarta	strada	a destra. a sinistra.

ESERCIZIO 1   SCUSI, C'È . . . ?

Continuate.

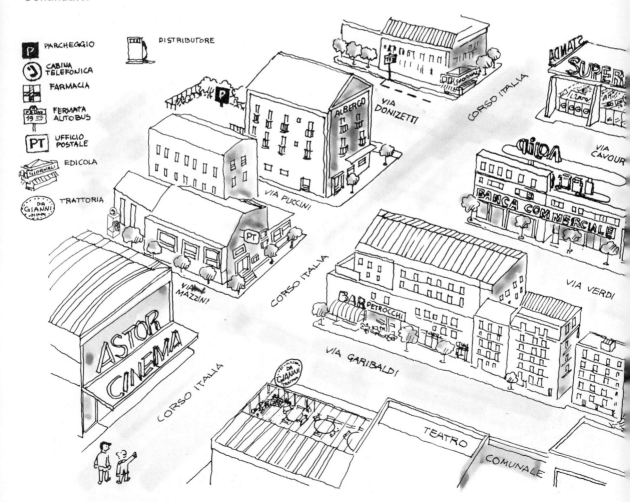

A₂
~ Scusi, c'è un tram o un autobus per il centro?
≈ C'è l'autobus, il 19.
~ Dov'è la fermata?
≈ È in via Donizetti, accanto all'edicola,
è la terza strada a sinistra.
~ Grazie.

Dov'è	la fermata dell'autobus? il cinema Astor?

È in via Donizetti, accanto all'edicola.
È in corso Italia, di fronte alla trattoria.

ESERCIZIO 2   DOV'È IL SUPERMERCATO?

1. Dov'è il supermercato? – _____ Cavour, _____

2. Dov'è la trattoria „Da Gianni"? – _____ Teatro Comunale.

3. _____ il bar Petrocchi? – _____ _____ .

4. _____ la Banca Commerciale? – _____ Verdi,

_____ farmacia.

ESERCIZIO 3   FATE LE DOMANDE CON „C'È" O „DOV'È".

a) Lei ha sete.
b) Cerca l'albergo Paradiso.
c) Desidera telefonare.
d) Desidera mangiare qualcosa.
e) Desidera vedere la chiesa di S. Francesco.
f) Desidera andare in via Verdi.

5

IN AUTOBUS

A₃

~ Per il Duomo dove devo scendere?
≈ Deve scendere alla stazione.
Lì prende il 14 e poi scende alla
seconda . . . no, alla terza fermata.
~ Grazie.
≈ Non c'è di che.

Per . . . dove devo scendere?

Deve scendere	in via . . . in piazza . . . alla . . . fermata. alla stazione.

ESERCIZIO 4   CON LA METROPOLITANA

~ Scusi, per piazza Diaz che linea devo prendere?
≈ La numero 1.
~ E dove devo scendere?
≈ In piazza Duomo. *Continuate.*

M 1

1 Largo Cairoli
2 P. za Cordusio
3 P. za Duomo
4 P. za S. Babila
5 Via Palestro
6 P. ta Venezia
7 P. za Lima
8 P. le Loreto

M 2

9   P. za Caiazzo
10 Centrale F. S.
11 Via M. Gioia
12 Garibaldi F. S.
13 Via Moscova
14 Via Lanza

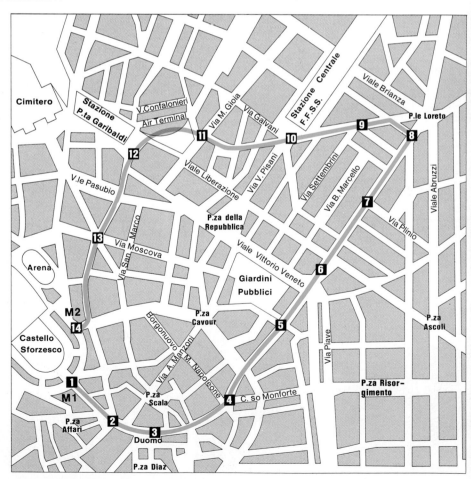

A4

~ Andiamo a vedere il castello?
≈ Sì, volentieri. Andiamo a piedi?
~ No, è lontano, non ho voglia
   di camminare. Prendiamo l'autobus!
≈ Va bene.

Andiamo a piedi?		Sì, volentieri. No, è lontano.
Andiamo	in macchina?  in tram?	
		Sì, è lontano. Va bene.
Prendiamo	l'autobus. il tram. la metropolitana.	No, è vicino, andiamo a piedi.

ESERCIZIO 5   DOVE ANDIAMO?

~ Andiamo a vedere _____?

≈ _____

Continuate.

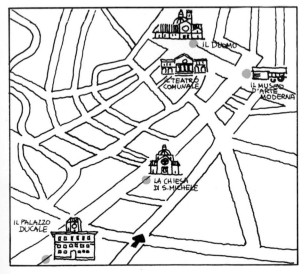

ESERCIZIO 6   LA RUOTA

Complete the text with the correct words from the wheel. The remaining words will give the answer to the question at the end of the text.

Una signora inglese è ... stazione e desidera andare ... centro a vedere il Palazzo Ducale. Il Palazzo Ducale è ... piazza Dante di fronte ... cinema Astor. Non è ..., ma la signora non ha voglia di camminare, preferisce prendere l'autobus. Di fronte ... stazione, accanto ... edicola, c'è la fermata. La signora prende il 14, scende ... via Mazzini e domanda: Scusi, dov'è il Palazzo Ducale?
Qual è la risposta?

A₅

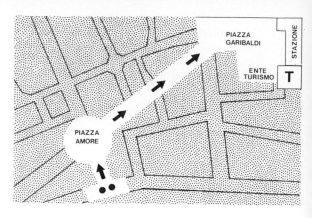

~ Scusi, dov'è l'Ente per il Turismo?
≈ L'Ente per il Turismo? È in piazza
   Garibaldi. Dunque . . . ora prendete
   questa strada e andate dritto fino a
   piazza Amore, poi, senza attraversare la
   piazza, girate a destra e continuate
   sempre dritto fino a piazza Garibaldi.
   Ecco lì, accanto alla stazione, c'è l'Ente
   per il Turismo.
≈ È molto lontano?
≈ Sì, abbastanza.
≈ Grazie.

| Dov'è l'Ente per il Turismo? |

| Dunque . . .
 ora prendete questa strada <br> andate dritto fino a . . .
 girate   a destra
       a sinistra <br> continuate sempre dritto | Ora prende . . .
 va dritto . . .
 gira . . .
 continua . . . |

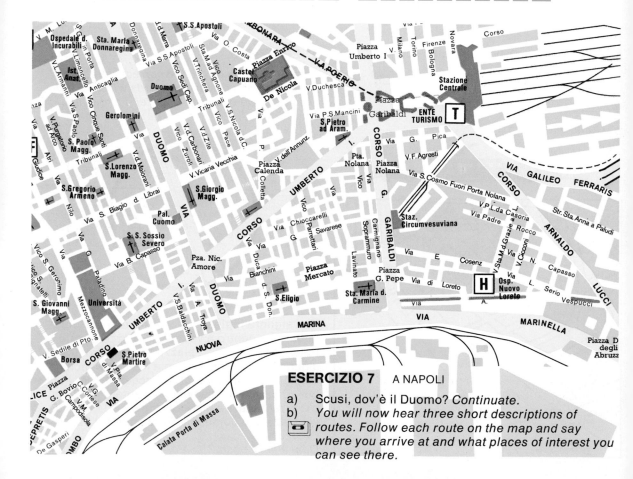

ESERCIZIO 7   A NAPOLI

a) Scusi, dov'è il Duomo? *Continuate.*
b) *You will now hear three short descriptions of*
 routes. Follow each route on the map and say
where you arrive at and what places of interest
you can see there.

B

Donatella: Senti, che cosa facciamo oggi? La domenica non mi piace stare tutto il giorno in casa!!
Marco: Io vorrei leggere un po', ma se tu preferisci uscire . . . va bene.
Donatella: Perché non andiamo a Como a mangiare il pesce da Gina?
Marco: Ma no, è troppo lontano!
Donatella: . . . Ho un'idea. Andiamo in centro.
Marco: In centro?? Oggi . . . domenica ma dai!
Donatella: Ma sì, leggi qui.

Alla gente piace andare in piazza!

Il centro di Milano vietato alle macchine. Camminare in corso Vittorio Emanuele o in via Dante senza guardare a destra o a sinistra. Milano ai Milanesi. Musica, ballo, risotto per tutti. Oggi in piazza concerto di Enrico Intra.

Marco: Tutti a piedi allora. Benissimo! Ma per andare in centro prendiamo la macchina, no?
Donatella: Sempre questa macchina! Andiamo in tram. C'è il 4 che va in centro. La fermata è qui vicino.
Marco: Ah sì, è vero.
 . . .
Marco: Allora sei pronta?
Donatella: Sì, vengo.
Marco: Scendiamo in piazza della Scala?
Donatella: No, scendiamo in via Manzoni e poi andiamo a prendere l'aperitivo.
Marco: Sì, ma io ho anche voglia di mangiare qualcosa.
Donatella: Ma certo! Poi andiamo in piazza del Duomo a mangiare il risotto e a sentire il concerto.
Marco: D'accordo, il programma mi piace.

ESERCIZIO 8   RISPONDETE ALLE DOMANDE.

1. Che cosa non piace a Donatella?
2. Perché Marco non ha voglia di andare a Como?
3. Che cosa c'è oggi in piazza?
4. Marco preferisce andare in macchina. E Donatella?
5. Perché Donatella desidera scendere in via Manzoni?

ESERCIZIO 9   LA DOMENICA DI DONATELLA.

Completate con i verbi seguenti:
C'è, desidera, è, mangia, piace, preferisce, prende, prende, scende, sente.

A Donatella non . . . stare tutto il giorno in casa. La domenica . . . uscire. . . . andare in centro,
perché . . . un concerto di musica classica. Per andare in centro non . . . la macchina ma il tram,
perché oggi il centro di Milano . . . vietato alle macchine. . . . in via Manzoni, . . . un aperitivo, poi,
in piazza del Duomo, . . . il risotto e . . . il concerto.

ESERCIZIO 10   COMPLETATE IL DIALOGO.

You are in an Italian town and want to visit the
museo d'arte moderna. You do not know the way.
You ask a passerby:

~ _____

≈ È in piazza Mazzini.

You say that you would like to walk there and ask if
it is far:

~ _____

≈ Sì, abbastanza. Ma se ha voglia
di camminare . . .

You consider this and say that you will take the bus
or the tram:

~ Allora _____

You ask if there is a bus stop nearby:

_____

≈ Sì, di fronte al cinema.

You ask where you should get off:

~ _____

≈ In via Verdi.

You thank the passerby and say goodbye:

~ _____

ESERCIZIO 11   CON PATRIZIA A RAVENNA

Patrizia abita a Bologna. Oggi è domenica e ha voglia di uscire . . . *Continuate.*

ESERCIZIO 12   E LEI, LA DOMENICA, CHE COSA FA?

«La domenica mi piace stare a casa con la famiglia».

«La domenica mi piace andare in discoteca».

«La domenica mi piace andare in bicicletta».

A₁

BASTA POCO PER PREPARARE UN PRANZO DIVERSO

Antipasto
prosciutto e carciofini

Primo
ravioli al burro e salvia

Secondo

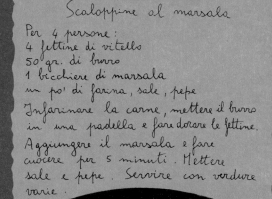

> Scaloppine al marsala
>
> Per 4 persone:
> 4 fettine di vitello
> 50 gr. di burro
> 1 bicchiere di marsala
> un po' di farina, sale, pepe
> Infarinare la carne, mettere il burro
> in una padella e fare dorare le fettine.
> Aggiungere il marsala e fare
> cuocere per 5 minuti. Mettere
> sale e pepe. Servire con verdure
> varie.

A₂

~ Allora facciamo le scaloppine?
≈ Sì. Che cosa bisogna comprare?
~ Abbiamo quasi tutto: la farina c'è,
   il burro anche. Manca la carne . . .
≈ Ci sono le patate?
~ Sì, ma mancano i fagiolini.

C'è	la carne?	Sì, c'è.
	il burro?	No, non c'è.
	lo zucchero?	No, manca.
Ci sono	le patate?	Sì, ci sono.
	i fagiolini?	No, non ci sono.
	gli spaghetti?	No, mancano.

ESERCIZIO 1   CHE COSA C'È IN CASA?

C'è la farina? – Sì, c'è.
Ci sono i ravioli? – No, mancano.

Continuate.

spaghetti

formaggio

insalata

olio

pomodori

caffè

zucchero

ESERCIZIO 2   FACCIAMO LA PIZZA 4 STAGIONI.

Che cosa c'è? Che cosa bisogna comprare?

C'è il sale, . . .
Ci sono . . .
Bisogna comprare . . .

A₃   IN SALUMERIA

~ Mi dia due etti di prosciutto.
≈ Cotto o crudo?
~ Crudo. Quanto costa all'etto?
≈ 2.500 lire.
~ Va bene. Vorrei anche un etto e mezzo di carciofini. Quanto costano?
≈ 2.000 lire l'etto, ma sono buoni!

Quanto	costa il prosciutto?	2.500 lire all'etto.
	costano i carciofini?	2.000 lire l'etto.

A₄   DAL MACELLAIO

~ Buongiorno, signora, desidera?
≈ Quattro fettine di vitello tenere.
~ Altro?
≈ E mezzo chilo di carne macinata, ma magra per piacere. Quant'è?
~ 15.200 lire. Deve pagare alla cassa.

Sono	buoni i carciofini?	Sì, sono (molto)	buoni.
	tenere le fettine?		tenere.

È	buono il formaggio?	Sì, è (molto)	buono.
	magra la carne?		magra.

ESERCIZIO 3 COM'È?

Fate le domande e rispondete.

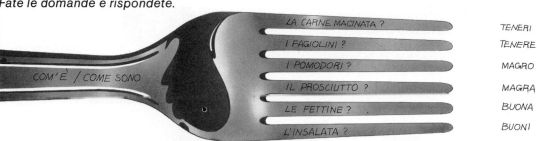

COM'È / COME SONO

LA CARNE MACINATA ? TENERI

I FAGIOLINI ? TENERE

I POMODORI ? MAGRO

IL PROSCIUTTO ? MAGRA

LE FETTINE ? BUONA

L'INSALATA ? BUONI

 A5

Il signor Parodi va a fare la spesa. Prima va in un negozio di generi alimentari e compra un pacco di spaghetti, un litro di latte, un chilo di mele e un chilo di arance. Poi va in panetteria e compra un chilo di pane.

Desidera?

Mi dia
un etto di prosciutto.
un chilo di pomodori.
un pacco di spaghetti.
un litro di latte.
mezzo chilo di pane.

ESERCIZIO 4 IN UN NEGOZIO DI GENERI ALIMENTARI

The shop assistant asks:

~ Desidera?

You want a litre of milk.

≈ _____

~ Altro?

You would also like 200 grams of raw ham and you ask how much it costs.

≈ _____

_____

~ 2.500 all'etto, ma è buono.

You agree to the price and ask how much you have to pay.

≈ _____

_____

~ 5.600.

AL MERCATO

a) ~ Sono buone le ciliegie?
   ≈ Buonissime, signora.
   ~ Quanto costano? Non c'è il prezzo.
   ≈ 6.000 lire al chilo.
   ~ No, sono troppo care. Prendo
     solo un chilo di fagiolini.

b) La gente quando viene a
   fare la spesa trova tutto
   caro e compra sempre
   meno.
   Preferisce risparmiare.
   Ma anch'io devo vivere!

ESERCIZIO 5   È BUONO IL FORMAGGIO?

~ È buono il formaggio?
≈ Sì, è buono/molto buono/ buonissimo.   *Continuate.*

| 1. fresco | 2. buono | 3. magro | 4. tenero | 5. fresco | 6. tenero |

ESERCIZIO 6   GIANNI E PAOLA VANNO A FARE LA SPESA.

1 Kg. DI PANE
1 ETTO DI PROSCIUTTO
1 ETTO DI FORMAGGIO
3 ETTI DI CARNE MACINATA
1 Kg. DI PATATE
4 BANANE
1 PACCO DI SPAGHETTI
1 L. DI LATTE

Dove vanno e che cosa comprano?
Prima vanno in panetteria e comprano 1 kg di pane.
Poi . . .

Continuate.

ESERCIZIO 7   AL SUPERMERCATO

Avete 30.000 lire per fare la spesa. Che cosa comprate?

SPESA GRANDE
PER RISPARMIARE

Caffè „Brasile" gr. 400	L 3.260
Zucchero kg. 1	L 1.100
Parmigiano-reggiano all'etto	L 1.200
Pomodori pelati 3 scatole	L 1.050
Spaghetti kg. 1	L 780
Vino da tavola lt. 2	L 1.500
Patate kg. 5	L 2.000
Banane kg. 1	L 1.300

B₁

Spende 113 mila lire in una settimana la famiglia-tipo milanese per mangiare

Gli italiani preferiscono i prodotti freschi: carne, formaggio, latte, frutta e verdura.

ESERCIZIO 8   IN INGHILTERRA

Quanto spende una famiglia inglese per mangiare? Che cosa mangiano gli inglesi?

B₂

AL MERCATO

Michela: Ciao, Giulia!
Giulia: Ah, ciao, Michela! Anche tu fai la spesa qui?
Michela: Eh sì. Io compro quasi tutto al mercato. Non solo la verdura e la frutta. Cosa vuoi, bisogna risparmiare un po'. . .
Giulia: È vero, ma oggi anche al mercato ci sono certi prezzi!!! Un chilo di ciliegie 6.000 lire! E l'insalata poi . . . è carissima!
Michela: Anche mia sorella che vive a Stoccarda, quando viene in Italia, trova la vita molto cara . . . quasi come in Germania.
Giulia: Oggi vivere è un lusso! Noi abbiamo uno stipendio solo ed è un problema arrivare a fine mese. Ma adesso i ragazzi sono grandi e vorrei trovare un lavoro.
Michela: E Pietro, cosa dice? È d'accordo?
Giulia: Sì, sì. Adesso scusa, ma devo andare perché oggi è il suo onomastico e vorrei preparare un pranzo speciale.
Michela: Che cosa fai di buono?
Giulia: Un po' di antipasto, ravioli e scaloppine al marsala.
Michela: Uhmm! Tanti auguri a Pietro allora. Ciao.
Giulia: Grazie mille, ciao.

ESERCIZIO 9   VERO O FALSO?

vero   falso

1. Michela compra solo la verdura e la frutta al mercato.
2. Al mercato le ciliegie costano poco.
3. La sorella di Michela è tedesca.
4. Per la sorella in Italia la vita non è cara.
5. Giulia deve risparmiare perché solo il marito lavora.
6. Oggi Giulia non ha molto tempo.

ESERCIZIO 10   DOVE FAI LA SPESA?

Completate il dialogo con le frasi del puzzle.

~ Io faccio la spesa al supermercato. Anche tu?

≈ _____

~ Ma al supermercato trovi tutto, anche la carne.

≈ _____

~ È tenera come dal macellaio e poi tutto costa meno.

≈ _____

~ È vero, però è buona. E il supermercato è comodo, risparmio tanto tempo.

≈ _____

~ Mi dispiace, ma non sono d'accordo.

Sì, ma com'è?

No, io preferisco i negozi piccoli.

Va bene, risparmi tempo, ma i prodotti non sono di prima qualità.

Trovi? Io non sono molto d'accordo. E poi la verdura non è fresca come al mercato.

ESERCIZIO 11   LEI È D'ACCORDO?

1. Un italiano dice: «In Inghilterra la verdura non è sempre fresca».
   Lei: Sono d'accordo.
        Non sono d'accordo perché . . .
2. «Al mercato tutto costa meno».
3. «Oggi in una famiglia uno stipendio solo non basta per vivere».
4. «Il tedesco vive per lavorare, l'italiano lavora per vivere».

ESERCIZIO 12   AL MERCATO

Sandro va al mercato e lì trova Aldo . . .

Fate il dialogo con l'aiuto delle parole sottostanti.

1.

(Ciao – qui – mercato)

2.

(mia moglie – mare – vacanza – Inghilterra – Londra – imparare – inglese)

3.

(prendere qualcosa)

4.

(fare ancora la spesa – anch'io)

5.

6.

Continuate.

A₁ QUANDO È SUCCESSO?

Il regista Luchino Visconti
ha avuto un grande successo
con il film «Morte a Venezia».

A Firenze milioni di italiani
hanno visitato la mostra
dei Medici.

Lady Diana ha sposato
Carlo d'Inghilterra.

Pertini è diventato
presidente della
Repubblica.

L'uomo è andato sulla luna.

In molte città d'Europa c'è stata
la protesta degli studenti.

È nata la televisione.

	1980
	1969
	1978
Nel	1971
	1981
	1968
	1935

?

ESERCIZIO 1   LA VITA DI FEDERICO FELLINI

Raccontate.

Federico Fellini . . . (nascere) a Rimini nel 1920. Ancora
ragazzo, . . . (andare) a vivere a Roma. Con il suo primo film
. . . (diventare) subito famoso. Nel 1943 . . . (sposare) l'attrice
Giulietta Masina. Molti film . . . (avere) un grande successo,
per esempio: «La strada» (1954), «La dolce vita» (1959),
«Amarcord» (1973) e «La città delle donne» (1980).

A₂

~ Che cosa hai fatto ieri?
≈ Sono andata a una festa.
È stata veramente una bella giornata.
Sai, ho conosciuto un ragazzo molto simpatico.
Abbiamo fatto subito amicizia.
E tu, che cosa hai fatto?

~ Sono rimasta a casa e ho
letto un po'. Dopo è venuta la
mia amica e abbiamo fatto
una passeggiata insieme.
E tu, Giorgio?

≈ Io, come al solito, sono
andato a vedere la partita.

IN UFFICIO

Che cosa	hai fatto	ieri?
	ha fatto	

👤 Sono andata a una festa
e ho conosciuto un ragazzo simpatico.
_____
👤 Sono rimasto a casa
e ho letto un po'.

ESERCIZIO 2   CHE COSA HANNO FATTO?

1. Paola  2. Gianni   3. Carla    4. Maria e Lisa

Ho telefonato a un'amica.
Abbiamo fatto una passeggiata.
Sono andata al mercato.
Ho scritto una lettera.
Sono stato a un concerto.
Abbiamo guardato la televisione.

E Lei che cosa ha fatto ieri? E domenica?

5. Mario

6. Aldo e Rosa

A₃

~ Quanti anni hai?
≈ 6. E tu?
~ Io 75.
≈ E quando è il tuo compleanno?
~ Il 20 ottobre.
≈ Allora vengo alla tua festa.

Gennaio   Febbraio   Marzo   Aprile   Maggio   Giugno

Quando è il tuo / il Suo compleanno?

Il mio compleanno è il primo . . . / due . . . / venti . . .

Dicembre   Novembre   Ottobre   Settembre   Agosto   Luglio

ESERCIZIO 3 COMPLETATE LE FRASI.

1. Signora, come sta
2. Carlo, quando è
3. Signore, ecco
4. Ho letto
5. Questo è
6. Milano è

il la

mio mia tuo tua Suo Sua

amica?
compleanno?
caffè.
lettera.
appartamento.
città.

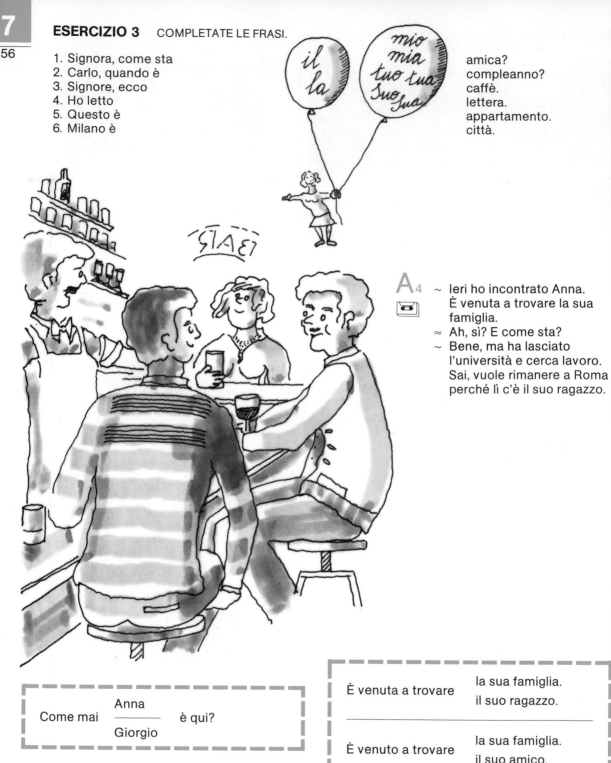

A4 ~ Ieri ho incontrato Anna.
  È venuta a trovare la sua
  famiglia.
≈ Ah, sì? E come sta?
~ Bene, ma ha lasciato
  l'università e cerca lavoro.
  Sai, vuole rimanere a Roma
  perché lì c'è il suo ragazzo.

Come mai | Anna / Giorgio | è qui?

È venuta a trovare	la sua famiglia.
	il suo ragazzo.
È venuto a trovare	la sua famiglia.
	il suo amico.

ESERCIZIO 4 MARIA E GIORGIO

Completate.

Maria Nelli vive a Verona con . . . famiglia. Tutti i giorni va a Padova per lavoro. Anche Giorgio,
. . . ragazzo, abita a Padova. Vive da solo, vicino all'università. . . . appartamento è piccolo, ma per
due persone c'è posto. Maria però non vuole lasciare . . . città e preferisce rimanere libera.

1. «Sono elettricista. Lavoro in proprio perché mi piace essere indipendente».

2. «Sono rappresentante. Viaggio molto e incontro sempre gente nuova. Il problema è che ho poco tempo per la mia famiglia».

3. «Sono ragioniere ma sono disoccupato. È difficile trovare lavoro oggi».

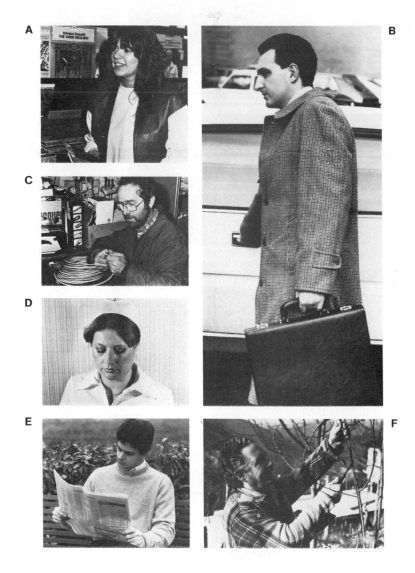

4. «Sono commessa in un negozio di dischi. Ho la possibilità di conoscere molta gente giovane, però guadagno poco».

5. «Due anni fa ho lasciato lavoro e famiglia e sono venuto a vivere qui. Adesso sono solo, ma sono proprio contento».

6. «Lavoro all'ospedale, sono infermiera. È un lavoro faticoso, ma mi piace».

ESERCIZIO 5   SEI AMICI

| 1. | Gianni Padini 40 | 2. | Paolo Chiari 43 | 3. | Angela Tozzi 36 |
| 4. | Sergio Moro 33 | 5. | Carla Valente 30 | 6. | Giacomo Franchi 45 |

Descrivete i sei amici e il lavoro che fanno con l'aiuto delle informazioni sottostanti:

meccanico / ingegnere / impiegato di banca / infermiera / segretaria / operaio
lavoro interessante / monotono / faticoso / difficile
molto / poco tempo libero
guadagna molto / poco / abbastanza

Esempio:

Si chiama Gianni Padini, ha 40 anni. È meccanico e guadagna molto, però il suo lavoro è faticoso.

Quanti anni ha?

LETTERE A LUISELLA

na delle tante che leggono
ca, tante volte ho pensato
scriverti?», ma non mi de-
poi ho letto la lettera di
Da quando il telefono non
(N. 20) e ho trovato molte
on quello che è capitato a
ca però sapeva chi le tele-
! Da due anni, il mio tele-
camente squilla e parlo con
aschile; le prime volte, ti
evo un po' paura, poi sia-
amici; di lui non conosco il
o che per gioco, per emo-
o un numero di telefono, e
trovato me. Mi chiedo per-
a parlare con lui (un ra-
anni) io che sono sposata
tavoloso in tutti i sensi, e
di quattro anni, bellissimo...
ontinuo; non sono pazza, e
donna leggera, ma quan-
a io sono un'altra: più gio-
a, sento che «la voce» in
le bene, forse trova in me
e non ha trovato in altre ra-
ovani... Un giorno l'incon-
giorno, forse, sarà la fine...
dico solo a Francesca: ri-
ere la tua vita come sem-
cercare di cancellare quel
hé non ci riusciresti; tienti
emozioni, ti aiuteranno a
vita...

are proprio che ci por-
un po' tutte un'inguari-
romanticismo, un desi-
to di qualcosa che non
con la realtà, che per-
tirsi diverse, fantasiose,
e sollevate da terra... e
poco a risvegliarlo: uno
lefono, una voce scono-
vita a sussurrarsi confi-
una differenza però, ca-
a te e Francesca: lei non
to rispondere all'uomo
tu hai spinto il gioco un
, gli parli, lo ascolti, in-
i crogioli ben bene, in
di emozioni un po' inso-
anno sentire la vita più
attenta, però: giocare

non puoi essere certa di controllare
il gioco, o di fermarlo quando lo de-
ciderai tu. Rifletti se non ti sembra il
caso di interromperlo adesso; in fondo, due anni di fantasie sono già una
buona scorta, non credi? Soprattutto
tenendo conto che la tua vita «reale»
è così appagante.

*Cara Luisella, mi chiamo Rocco, ho 22
anni, sono ragioniere e sono impiegato a
Genova, ma sono siciliano. Ho lasciato
Trapani perché a Genova ho avuto la
possibilità di trovare un lavoro. Ma qui ho
solo il lavoro e basta: non ho una ragazza,
non ho amici, non ho una famiglia perché
la mia famiglia vive a Trapani. Il mio problema è essere siciliano! Molte ragazze
del Nord non fanno amicizia volentieri con
i ragazzi del Sud e così io sono sempre
solo come un cane. Poco tempo fa ho
conosciuto una commessa della Rinascente, una ragazza genovese molto carina e simpatica, ma dopo il primo incontro
mi ha lasciato e sai perché? Perché sono
siciliano. Sono veramente molto triste e
non so come fare in questa grande città a
conoscere una ragazza senza pregiudizi.
Scusa lo sfogo e grazie per la tua attenzione.*

Caro Rocco, ho letto la tua lettera. Il problema della solitudine in una grande città
come Genova è comune a molta gente. È la
malattia dell'uomo d'oggi. Tante persone in
questo momento sono sole e cercano qualcuno: bisogna avere il coraggio di fare il
primo passo. E poi, caro Rocco, perché
essere triste? Tu hai un lavoro. Questo è
molto importante. E a Genova ci sono tante
ragazze senza pregiudizi. Un proverbio dice
«Chi cerca trova». Coraggio, allora!
Tanti saluti.

Propendo per il parere di tua cugina; sapessi quanto spesso i ragazzi di
quell'età (e anche un po' più grandi)
sono frenati dalla preoccupazione di
non essere all'altezza della situazione! Naturalmente, anche il fatto che
vi vediate piuttosto di rado può avere il suo peso; quindi, cara Annalisa,
se gli vuoi veramente bene, pazienta

ancora un poco; l'estate vi
incontri più frequenti e un po
beri, e affretterà il proce
«maturazione» ...che alla vos
spesso avviene all'improvviso,
po' come succede per certi fio
alla sera lì vedi ancora tutti a
lati, e poi sbocciano bellissimi
sola notte.

Certo, un pizzico di inizia
parte tua non guasterà; ma c
bo, ti raccomando, senza l'im
za che ti hanno messo add
amiche più grandi. Di solito, i
zi timidi sono anche quelli ch
dono le cose più seriamente,
di, alla fin fine, sanno dare
Abbi fiducia, dunque, e augu
tutti e due.

Forse troverà banale il m
blema, ma la prego di rispor
perché mi sta facendo passare
chie notti insonni. Sono una gio
ma lettrice di Annabella (ho 15
da circa 8 mesi sto con un raga
la mia età, con cui ho scarse oc
di vedermi (solo nei week-end e
riodo estivo); il mio cruccio è
durante tutto questo periodo lui
ha mai baciata, nonostante io, p
siglio di ragazze un po' più gran
bia anche tentato di spronarlo
chino; secondo un suo amico la
è che stiamo troppo poco insie
condo mia cugina, invece, ch
troppo giovane e si vergogna
saperci fare... Le mie amiche m
gliano di lasciarlo perdere, ma io
glio troppo bene; avevo decis
sciar passare un po' di tempo
maturasse, ma sono passati orm
ti mesi e non è successo nulla.
do lei, qual è il motivo di ques
comportamento?...

ESERCIZIO 6   QUAL È LA RISPOSTA GIUSTA?

1. Rocco è

    a) di Trapani.   N

    b) di Genova.   L

    c) di Napoli.   G

2. È venuto a Genova

    a) perché a Genova ha trovato un lavoro.   A

    b) perché a Trapani non ha amici.   I

    c) perché è ragioniere.   B

3. La ragazza ha lasciato Rocco

    a) dopo un mese.   S

    b) prima del primo incontro.   N

    c) dopo un solo incontro.   D

4. Rocco dice che non ha una ragazza a Genova

    a) perché la sua famiglia vive in Sicilia.   L

    b) perché molte genovesi hanno pregiudizi.   I

    c) perché i ragazzi del Sud non fanno amicizia   A
       volentieri con le ragazze del Nord.

5. Luisella scrive a Rocco che deve

    a) cercare una ragazza senza pregiudizi.   A

    b) avere il coraggio di vivere da solo.   R

    c) andare a lavorare in un'altra città.   T

*The letters for each correct answer make up the
name of the girl Rocco met:*

ESERCIZIO 7   PARLIAMO DI ROCCO.

Un'altra ragazza genovese, Carla, racconta a un'amica che ha conosciuto Rocco.
Che cosa risponde alle domande dell'amica?

Carla: Ieri ho conosciuto un ragazzo siciliano.

Amica: Come si chiama?

Carla: _____

Amica: E com'è?

Carla: _____

Amica: Quanti anni ha?

Carla: _____

Amica: Però è giovane. Che cosa fa?

Carla: _____

Amica: Allora sei contenta!

Carla: _____

ESERCIZIO 8   CHE COSA FACCIAMO OGGI?

È arrivato un amico italiano che non conosce ancora la città dove abitate.

Preparate insieme un programma e fate il dialogo.

London

ADELPHI. 836 7611 or 240 7913/4. CC 741 9999 / 836 7358 / 379 4444. Group Sales 930 6123. First call 24 hr. CC 240 7200 (no bkg. fee).
Now Booking to April 8
WINNER OF THREE MAJOR "BEST MUSICAL" AWARDS, 1985
KARL   LOUISE
HOWMAN   ENGLISH
ME AND MY GIRL
THE LAMBETH WALK MUSICAL
Directed by Mike Ockrent
Nightly at 7.30. Mats Wed. at 2.30 & Sat. 4.30 & 8.0.
"THE HAPPIEST SHOW IN TOWN" S. Exp.

ALBERY. 836 3878. CC 379 6565/741 9999. 379 4444/240 7200. Groups 836 3962.
NICHOLAS LYNDHURST
"A Born Comedian"
LARRY SHUE'S COMEDY
THE FOREIGNER
"WONDERFULLY DROLL!"
D. Express.
"The funniest play of the decade" NY Times.
Eves. 8, Mats. Thurs. & Sat. 3.
Now booking to June 11.

ALDWYCH THEATRE, 01-836 6404/0641 cc 379 6233/741 9999. First Call 240 7200 (Bkg Fee). Evgs. 7.30. Sat. 5. 8.30.
LAST 4 WKS OF LTD SEASON
MICHAEL GAMBON
BEST ACTOR OF THE YEAR.
Standard Drama Award and Plays & Players Critics Award.
in The National Theatre production of
A VIEW FROM THE BRIDGE
by Arthur Miller.
Dir. Alan Ayckbourn
Charity Mat. Feb. 11 at 2.30
for **FIGHT FOR SIGHT**

ALDWYCH. 01-836 6404/0641. CC 379 6233. First Call 240 7200 (bkg fee).
RED. PREVS FROM MAR 3
Opens March 8. Mon.-Fri.
Evgs. 7.30. Sat. 4 & 8
FELICITY   NIGEL
KENDAL   HAWTHORNE
ROGER REES in
HAPGOOD
A new Play by
TOM STOPPARD
Directed by PETER WOOD.

Passing the Inns of Court we see the Royal Courts of Justice. Then to Temple Bar where Fleet Street and the City begin. To **St. Pauls Cathedral,** built by Sir Christopher Wren atop Ludgate Hill and whose famous dome dominates the skyline. We pass the Guildhall, The Bank of England and see the Monument (202 ft high) which commemorates the Great Fire of 1666. On to **The Tower of London,** the ancient fortress and prison dating back to Norman times, the execution site which saw the deaths of Sir Thomas More and Anne Boleyn amongst many. We see **The Crown Jewels** guarded by the Beefeaters. We return westwards through the heart of the City and world famous financial centre to Hatton Gardens of diamond fame and on to Holborn and Grays Inn to arrive Russell Square approx 5.30 pm.

OPERA & BALLET

London

COLISEUM, S 836 3161. CC 240 5258. Mailing List 01-836 3908.
ENGLISH NATIONAL OPERA
Ton't & Fri. 7.0. last perfs **DER ROSENKAVALIER.** Tomor. & Sat. 7.30 **HANSEL & GRETEL.** Thurs. 7.30 **MADAM BUTTERFLY.** Also booking Orpheus in the Underworld/Billy Budd/Cav & Pag. CC 1st Call 240 7200 (24-hr./7 day).

ROYAL OPERA HOUSE 240 1066/1911. Standby info. 836 6903. S CC. 65 amphi seats avail. on the day. **THE ROYAL BALLET** Ton't 7.30 The Dream/Pursuit/The Concert. Tomor., Fri. 7.30 Giselle. Sat., Mon. 7.30, Sat. mat. 2.30 **Manon.** Ballet casting info. 01-240 9815. **THE ROYAL OPERA** Thur. 6.0 Parsifal.

SADLERS WELLS. 278 8916. First Call CC 24 hr., 7 day 240 7200. Until Feb. 6. Eves 7.30, Sat. Mat. 2.30. National Youth Music Theatre **THE RAGGED CHILD.** Today 10.30 am & 2.30 pm **LET'S MAKE AN OPERA.**

CONCERTS

London

BARBICAN HALL. 638 -8891/ 628 8795. Ton't. 7.45 **STEPHANE GRAPPELLI** 80th BIRTHDAY CONCERT with special guest stars.

DEPARTS	PRICE
2.15 pm Passenger Reception & Coach Terminal	Adult £12.00
34-36 Woburn Place, London WC1	Child £6.00

Espressioni utili per il dialogo:

Hai voglia di . . .   No, grazie, preferisco . . .
Ti piace . . .   Sì, molto. / No, non mi piace.
Perché non . . .   Sì, vengo volentieri.
Allora andiamo . . .   Grazie, ma non ho voglia di . . .
Prendiamo il bus perché . . .   Va bene.
Andiamo a piedi perché . . .   Prendiamo il bus o andiamo a piedi?
È vicino/lontano./È . . .   Dov'è?

ESERCIZIO 9   UNA LETTERA A UN'AMICA

Scrivete una lettera a un'amica in Italia e raccontate che avete conosciuto Mario, un ragazzo italiano. Dite chi è, cosa fa, ecc.

una settimana fa – al circo – ragazzo italiano, Mario – 30 anni – arrivato a Londra un mese fa – meccanico alla Ford – famiglia in Italia – senza amici – in Inghilterra altra mentalità – desidera imparare l'inglese – domenica – cinema insieme.

A₁

~ Scusi, che ore sono?
≈ Sono le nove e venti.

Sono le nove
e mezzo.

Sono le dieci
meno un quarto.

Sono le undici
meno dieci.

È mezzogiorno.
È mezzanotte.

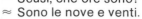

È l'una.

ESERCIZIO 1 CHE ORE SONO?

A₂

~ Sei libera stasera?
≈ Sì, perché?
~ Ho due biglietti per l'Amleto.
  Vuoi venire?
≈ Sì, volentieri. A che ora comincia?
~ Alle nove.
≈ Mi vieni a prendere?
~ Ma certo. Alle otto e mezzo, va bene?
≈ Sì.

| A che ora | comincia? |
| | finisce? |

| Alle otto e mezzo/mezza. |
| Alle undici. |

ESERCIZIO 2   GUARDIAMO IL PROGRAMMA DELLA TELEVISIONE.

~ A che ora comincia la Coppa del Mondo di sci? A che ora finisce?
≈ La Coppa del Mondo comincia alle nove e finisce a mezzogiorno e mezzo.

A che ora comincia Meridiana?
E il corso d'inglese?
E il telegiornale?

Tv2 rai

9.00 **SPORT INVERNALI - Coppa del Mondo di sci.** Slalom gigante maschile (1ᵃ e 2ᵃ manche)

12.30 **MERIDIANA** - Lezione in cucina
13.00 **TG2** - Ore tredici
13.30 **VITA NELLA TERRA**

14.00 **IL POMERIGGIO**
       Frate Indovino
       L'opinione di Guglielmo Zucconi

14.30 **MASTRO DON GESUALDO** - Dal romanzo di Giovanni Verga. 5ᵃ puntata (Registrazione effett. nel 1963)

15.25 **FOLLOW ME** - Corso di lingua inglese per principianti e autodidatti (14ᵃ trasmissione)

16.00 **TV 2 RAGAZZI**
       L'UOVO MONDO NELLO SPAZIO - Costumi di Salvatore Russo. Regìa di Ettore Desideri. 15° episodio: «Il signore è senza copertina»
       GALAXY EXPRESS 999 - «La città delle lucciole»

16.55 **HELZACOMIC** - Un programma di risate. 2ᵃ puntata

17.45 **TG 2** - FLASH
17.50 **TG 2** - SPORTSERA - Dal Parlamento
18.05 **ELLE** - Appuntamento settimanale con i libri

18.30 **SPAZIOLIBERO: I PROGRAMMI DEL-L'ACCESSO**

18.50 **I RE DELLA COLLINA** - «La locanda» PREVISIONI DEL TEMPO
19.45 **TG 2 - TELEGIORNALE**
20.40 **TG 2 - Spazio sette.** Fatti e gente della settimana
21.30 **QUANDO L'AMERICA SI RACCONTA** - «La confessione di Peter Reilly». 1ᵃ parte
22.25 **ME, ME STESSA, IO** - Incontro con Joan Armatrading
23.10 **TG 2** - Stanotte
23.30 **SCUOLA MEDIA: UNA SCUOLA CHE SI RINNOVA** - 10ᵃ puntata: «Educazione musicale» (Replica)

ESERCIZIO 3   UN INVITO

Avete due biglietti per il circo (domani alle 20.30).
                    la partita (domenica alle 14).
                    il concerto (stasera alle 21).

Invitate un amico/un'amica, un collega/una collega.

~ Sabato, se è una bella giornata, possiamo andare a pescare.
≈ Mi dispiace, ma non posso, ho già un impegno con un mio collega.
~ E domenica?
≈ Domenica voglio partecipare alla corsa campestre con la mi ragazza.
Perché non venite anche tu e tua moglie?
~ Mah, vediamo. Se veniamo, ti telefono.

Ha già un impegno per	sabato? domenica? . . .

Sì, vado	a pescare a teatro a un concerto	con	un mio collega. una mia amica. il mio ragazzo. la mia ragazza. mio marito. mia moglie.

ORE	LUNEDÌ	MARTEDÌ	MERCOLEDÌ	GIOVEDÌ	VENERDÌ	SABATO	DOMENICA
8							
9							CORSA CAMPESTRE
10						Carlo	
11							
12							
13			Angela				
14				BOLOGNA Sig. Zangari			
15		telefonare a Piero					
16					tennis		
17							
18							
19							
20							

ESERCIZIO 4   LA VOSTRA SETTIMANA

Che impegni avete per questa settimana? Con chi?

Comune di Pavia
Domenica 12 Giugno
20 km
di marcia
campestre
Partenza da Piazza Grande
alle ore 9. Tutti sono invitati a
partecipare: grandi e piccoli,
sportivi e non.

Premi: medaglie e bottiglie
di vino

A₄

~ Come mai non siete venuti ieri?

≈ Abbiamo dovuto accompagnare
la nonna in campagna.
Com'è stata la marcia?

~ Veramente divertente. Siamo
tornati a casa stanchi, ma
abbiamo passato una bella
giornata.

| Come mai non siete | venuti? |
| | venute? |

 Abbiamo dovuto accompagnare la nonna.
Siamo andati a trovare un amico.

 Abbiamo dovuto lavorare fino alle dieci.
Siamo andate a giocare a tennis.

ESERCIZIO 5 CHE COSA DICONO?

Ieri siamo andati a giocare a tennis.

Continuate.

1

2

3

4

5

6

A5

~ Signora, che piacere rivederLa!
Come sta?

≈ Molto bene, grazie, sono appena tornata
da Parigi.

~ Oh, che bello! Senta, perché non viene
a cena a casa nostra una di queste sere?
Così possiamo parlare con calma.

≈ Volentieri.

~ Facciamo sabato?

≈ Benissimo e grazie per l'invito.

| Perché non viene | a casa mia | stasera? |
| | a casa nostra | |

Grazie, volentieri.
Mi dispiace, ma non posso.
Mi dispiace, ho già un impegno.

ESERCIZIO 6   UN INCONTRO

Completate il dialogo.

You meet Mr. Cozzani. You greet him and ask
how he is:

~ _____

≈ Adesso bene, grazie. Ho trovato lavoro.

You congratulate him and ask him where he
works:

~ _____

≈ Alla posta.

You suggest that you go for a meal together
during the week:

~ _____

≈ Buona idea.

You suggest Friday:

~ _____

≈ Benissimo. A che ora?

You suggest that you meet each other
opposite the 'Bar Motta' at eight o'clock:

~ _____

≈ D'accordo.

A₆

~ Buonasera, signora. Prego, si accomodi!
≈ Grazie . . . ho portato un dolce.
~ Che pensiero gentile! Andiamo in salotto,
   così Le presento mio marito.
   Franco! È arrivata la signora Balducci.
≈ Molto lieto, signora.
≈ Piacere.

Signora Balducci,			Piacere.
Signor Bianchi,	Le presento mio marito.		Molto lieto.
Franco,	ti presento Carlo.		Piacere.

A₇

~ Mi dispiace, ma
adesso devo
andare. È già
tardi.
≈ La posso
accompagnare?
~ Grazie, ma non
è necessario,
prendo un taxi.

~ Signora, La ringrazio
per la bellissima serata.
≈ E noi siamo stati molto
contenti della Sua visita.
È stato un vero piacere.
~ Arrivederci, buonanotte.
≈ ArrivederLa.

Signora,		Sì, grazie, molto gentile.
Signor Rossi,	La posso accompagnare?	No, grazie, vado a piedi.
Mario,	ti posso accompagnare?	No, grazie, prendo un taxi.

ESERCIZIO 7   RICOSTRUITE LE FRASI.

1. Signorina,		posso accompagnare	per la bella serata.
2. Marco.	La	presento	il vino?
3. Signor Gucci,	ti	vengo a prendere	Giorgio.
4. Maria,	Le	ringrazio	alle otto.
5. Signora,		piace	a casa?
6. Renata,		piacciono	i fagiolini?

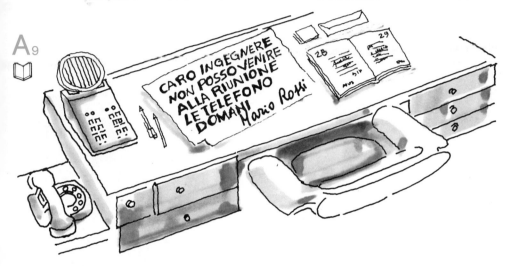

ESERCIZIO 8   UN SABATO INSIEME

You would like to do something together with a friend B.

A: You propose to go out for a meal on Saturday.
                    – to go to the theatre.
                    – to go to the cinema.
                    – to go fishing.

B: You decline the offer because you have a meeting.
                    – because you have to work.
                    – because you have no time.

A: You suggest another day.

B: You decline again and make an alternative suggestion.
     – you say that you cannot say and will ring back.
     – you agree.

ESERCIZIO 9   RISPOSTA A UN INVITO

You have received an invitation to a party from a good friend, Giovanni Bianchi.
You write to him and say that unfortunately you cannot come because you are going to the seaside for a week. You continue to say that you will telephone him on your return.

B

Il signor Neri telefona alla moglie.

Laura: Pronto! ... Ah, sei tu, Paolo!
Paolo: Ti telefono perché stamattina è arrivato un mio collega inglese. Rimane qui fino a sabato perché dobbiamo risolvere insieme un problema di lavoro molto importante. Però non vorrei andare sempre al ristorante ...
Laura: Ma certo, potete venire qui a casa. Però ... io purtroppo ho già un impegno per stasera, devo andare a una riunione, mi dispiace.
Paolo: Non importa, facciamo così: stasera andiamo al ristorante e domani sera veniamo a casa. Va bene?
Laura: Benissimo! E a che ora venite? Gli inglesi non mangiano tardi come noi, vero?
Paolo: Di solito, no ... Se veniamo alle sette e mezzo ti va bene o preferisci alle otto?
Laura: È meglio alle otto ... Ciao.

Il giorno dopo in casa Neri.

Paolo: Ciao, Laura, ti presento il signor Wood. Mia moglie.
Sig. Wood: Piacere.
Laura: Piacere.
Sig. Wood: La ringrazio tanto per il Suo gentile invito.
Laura: E noi siamo molto contenti della Sua visita. Prego, si accomodi!
Paolo: Prende un aperitivo?
Sig. Wood: Grazie, volentieri.
Laura: Lei parla molto bene l'italiano: complimenti!
Sig. Wood: Lei è veramente gentile. Sa, io lavoro molto con l'Italia e così ho dovuto imparare la lingua. E poi mia moglie e io siamo innamorati dell'Italia e siamo venuti tante volte a passare le vacanze qui.
Laura: Ah sì, e dove siete stati?
Sig. Wood: Un po' dappertutto ... al Nord, al Sud ...
Paolo: Desidera ancora un aperitivo, signor Wood?
Sig. Wood: No, grazie, basta così.
Laura: Allora possiamo andare a tavola: è pronto. Buon appetito.
Sig. Wood: Grazie, altrettanto.

ESERCIZIO 10   SÌ O NO?

*Are the answers to the following questions to be found in the text? Put a cross in the
appropriate box.*

Il testo dice ...

	Sì	No
1. ... chi è il signor Wood?	☐	☐
2. ... di che città è?	☐	☐
3. ... perché è in Italia?	☐	☐
4. ... quanti anni ha?	☐	☐
5. ... perché parla così bene l'italiano?	☐	☐
6. ... dove ha imparato l'italiano?	☐	☐
7. ... dove abitano i Neri?	☐	☐
8. ... dove è stato in Italia il signor Wood?	☐	☐

ESERCIZIO 11   COME MARIO PASSA LA SERATA

Raccontate.

A₁

~ Buongiorno, professore. Anche Lei si alza presto però!

≈ Sì, la mattina quando mi sveglio, non posso restare a letto, preferisco uscire
e portare fuori il cane. Poi mi fermo al bar e faccio colazione.

~ Buona passeggiata allora, arrivederci!

```
┌ ─ ─ ─ ─ ─ ─ ─ ─ ─ ─ ─ ─ ┐      ┌ ─ ─ ─ ─ ─ ─ ─ ─ ─ ─ ┐
     tu          ti alzi!              presto.
  E ── quando ──                  Mi alzo   tardi.
     Lei         si alza?                   alle . . .
└ ─ ─ ─ ─ ─ ─ ─ ─ ─ ─ ─ ─ ┘      └ ─ ─ ─ ─ ─ ─ ─ ─ ─ ─ ┘
```

a) b) c) d)

A₂ Sono le 7. Il palazzo si sveglia.

a) I Picone si alzano. Anna prepara la colazione, Pietro si veste.
b) Caterina Bellocchio è in bagno e si lava.
c) In casa Torriani suona la sveglia, ma Carletto continua a dormire.
d) Il professor Parri è già uscito.

ESERCIZIO 1   TROVATE LA RISPOSTA GIUSTA.

1. A che ora ti alzi la mattina?
2. Pietro, la colazione è pronta!
3. Come mai ti alzi così presto?
4. Dov'è Carletto?
5. Fai colazione la mattina?
6. È già uscito il professore?

a) Perché comincio a lavorare alle 7.
b) No, prendo solo il caffè.
c) Mi alzo alle 8.
d) Sì, si sveglia sempre presto e va fuori.
e) Mi vesto e vengo.
f) È ancora a letto.

~ Allora, come vi trovate
a Torino?
≈ Bene! Mia moglie ed io
lavoriamo, le bambine
vanno a scuola, ormai
ci siamo abituati anche
al clima. Mia suocera
invece si è trovata
male ed è tornata qui.

Come	ti sei	trovato trovata	a Roma? in Italia?
Come	vi siete	trovati trovate	. . . ?

Bene.
Abbastanza bene.
Non molto bene.
Male.

ESERCIZIO 2   CHE COSA HA FATTO OGGI ELENA.

Stamattina si è alzata alle 7.30, poi . . .

Continuate.

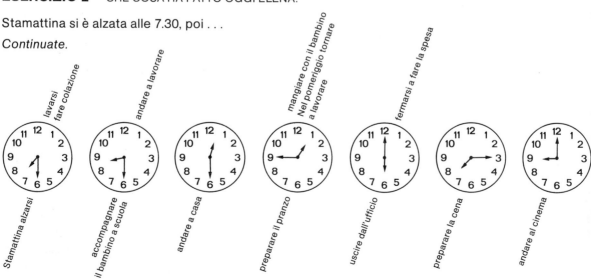

E voi, come avete passato la giornata?

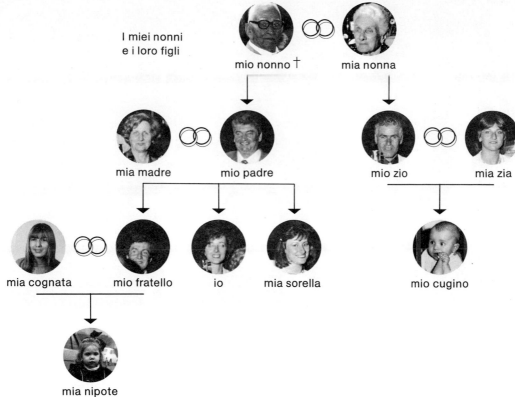

I miei nonni
e i loro figli

mio nonno †   mia nonna

mia madre   mio padre   mio zio   mia zia

mia cognata   mio fratello   io   mia sorella   mio cugino

mia nipote

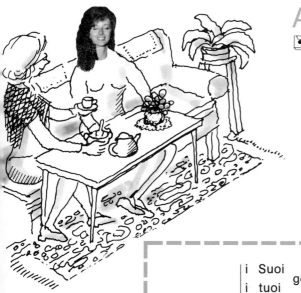

A₅

~ Signorina, non si sente un po' sola qui?
≈ No, mi piace essere indipendente, e poi preferisco vivere in città.
~ Perché, i Suoi genitori dove stanno?
≈ In un paese vicino a Novara.
~ È figlia unica?
≈ No, ho un fratello e una sorella, ma ci vediamo poco perché, quando ci incontriamo, litighiamo sempre.

Dove stanno	i Suoi / i tuoi	genitori?
	le Sue / le tue	sorelle?

I miei genitori	stanno	vicino a . . .
		a Novara.
		in Italia.
Le mie sorelle		. . .

ESERCIZIO 3 UN MATRIMONIO IN FAMIGLIA   Questa è Caterina. Chi sono gli altri?
La prima a destra è sua nonna . . . *Continuate.*

ESERCIZIO 4 LA MIA FAMIGLIA

Completate con: la mia, le mie, i miei, mio, suo, il suo, la sua, i suoi, i loro.

. . . famiglia viene dalla Calabria. . . . nonni sono arrivati a Roma nel 1945. Lì sono nati . . . figli:
. . . padre e poi . . . zie: zia Concetta e zia Rosa. La zia Concetta si è sposata quattro anni fa e vive a
Pordenone insieme con . . . suoceri perché . . . marito non vuole lasciare . . . famiglia. La zia Rosa
invece studia ancora. Vive ad Ostia con . . . ragazzo.

ESERCIZIO 5 LA VOSTRA FAMIGLIA

Lei ha fratelli, sorelle, figli, nipoti?
Parlate della vostra famiglia.

 A₆

~ Allora, quando arrivano i tuoi parenti di Napoli?
≈ Domani mattina. Alle nove li vado a prendere alla
stazione.
~ Anche noi abbiamo un ospite questa settimana.
Martedì arriva un vecchio amico di mio marito. Io non lo
conosco ancora, ma deve essere un tipo simpatico.

Conosci	la signora Rossi? Mario? i Rossi? le sorelle di Mario?	No, non	la lo li le	conosco.

ESERCIZIO 6 CONOSCI MARIA?

Completate.

1. Conosci Maria? – Sì, . . . (conoscere) bene.
2. Vuoi un caffè? – Sì, . . . (prendere) volentieri.
3. Prepari tu gli spaghetti? – No, . . . (preparare) Anna.
4. Chi accompagna Giorgio alla stazione? – . . . (accompagnare) io.
5. Sono ancora a scuola le bambine? – Sì, ma ora . . . (andare a prendere).
6. Hai già portato fuori il cane? – No, . . . (portare) subito.
7. Quando vedi i Torriani? – . . . (vedere) domani.

A₇

~ Che cosa facciamo domani?
≈ Niente. Sono stanca, e poi bisogna anche mettere in ordine la casa.
~ Ma io non ho voglia di passare il fine settimana qui. Senti, mi occupo io delle pulizie. Però domani andiamo a cercar funghi, va bene?
≈ D'accordo.

In casa nostra	io	mi occupo	delle pulizie,
	mio marito	si occupa	del bambino,
	mia suocera	si occupa	di fare la spesa.

ESERCIZIO 7 IN CASA VOSTRA

Chi fa che cosa?

Vita di Famiglia
Quando tutti e due lavorano

Parla un marito: Mia moglie lavora, prima di tutto perché ha un lavoro interessante, e poi per motivi economici. Abbiamo due figli ancora piccoli e abitiamo in una città molto cara! Certo che la nostra vita è difficile e i nostri ruoli non sono ben definiti! Per esempio, la mattina mia moglie si alza presto perché incomincia a lavorare alle sette e sono io che mi occupo dei figli. Li sveglio, preparo la colazione, controllo se si sono lavati e li accompagno a scuola. La sera, invece, mia moglie torna a casa per prima e mette ordine nel caos che abbiamo lasciato la mattina.

Tante volte siamo tutti e due nervosi e stanchi e litighiamo per niente. Per fortuna abbiamo la possibilità di passare i fine settimana in campagna! Mia suocera abita da sola a Carentino, un paesino qui vicino. I bambini lì si sentono liberi perché c'è molto spazio e tanto verde. Molte volte arrivano i cuginetti di Como, allora giocano tutti insieme e noi non li vediamo per tutto il giorno.

ESERCIZIO 8   È VERO?

	Sì	No	Forse
1. La moglie lavora solo per motivi economici.	☐	☐	☐
2. La città dove abitano è cara.	☐	☐	☐
3. Non hanno una vita difficile.	☐	☐	☐
4. Il marito studia ancora.	☐	☐	☐
5. Tutti e due si occupano della casa e dei figli.	☐	☐	☐
6. I figli vanno a scuola da soli.	☐	☐	☐
7. Marito e moglie, anche se sono stanchi, non sono nervosi.	☐	☐	☐
8. Tutti i fine settimana vanno in campagna.	☐	☐	☐
9. A Carentino i figli possono giocare fuori.	☐	☐	☐
10. Tante volte i figli litigano con i cuginetti.	☐	☐	☐

ESERCIZIO 9   DALLA PARTE DELLA MOGLIE

Che cosa può dire la moglie? Io lavoro, prima di tutto perché . . .

Continuate.

Antonio, 45 anni, divorziato

Io preferisco vivere da solo. Sono stato sposato una volta e mi basta. Adesso faccio come voglio, senza tanti compromessi.

Nicoletta, 30 anni, vive con altre persone

Io preferisco vivere insieme con altre persone e rimanere libera e indipendente. Così, mi trovo molto bene.

Piero, 50 anni, sposato

Io sono contento di avere una famiglia. È bello tornare a casa e ritrovare la moglie e i figli.

Rosanna, 38 anni, sposata

Io sono molto contenta della mia vita, anche se lavoro tanto. Essere solo moglie e madre non mi basta, così lavoro due o tre ore al giorno in un ufficio.

Che cosa pensate del modo di vivere di Antonio, di Nicoletta, di Piero e di Rosanna?

A 1

Quest'anno cambia vacanza, noleggia un camper e va' ... il mondo è tuo!

Se venite nel Lazio visitate la Ciociaria

Per andare in Sardegna prendete l'aereo! Noi siamo pronti

ALISARDA
Linee Aeree della Sardegna

COMINCIA BENE LA TUA ESTATE
CHIEDI IL CATALOGO
DEL VACANZIERE ITALIA E
PRENOTA PER TEMPO

IL VACANZIERE

presso tutte le agenzie di viaggi
**il catalogo delle
tue
super vacanze**

Per le vostre vacanze
prendete il treno!

FS

Se cercate spiagge ancora deserte venite in Basilicata

REGIONE BASILICATA

Se hai bisogno di pace e di silenzio vieni in Val D'Aosta

Dove vai in vacanza?

Non ho ancora deciso.

Che cosa posso fare quest'anno in ferie?

Cambia vacanza:
Prendi la bicicletta,
va' in campagna,
mangia tanta verdura e
dormi tranquillo.

ESERCIZIO 1   LE VACANZE DI UN AMICO

Completate con i seguenti verbi. telefonare, prenotare, portare, prendere, parlare, venire.

Un vostro amico non ha ancora deciso dove andare in vacanza. Questo è il vostro consiglio: Se hai voglia, . . . in vacanza con noi in Puglia. . . . subito, così trovi ancora posto. . . . a questo numero e . . . con il signor Manzi che mi conosce bene. . . . solo la mezza pensione, così possiamo andare anche a mangiare fuori. . . . anche la bicicletta.

ESERCIZIO 2   CHE COSA RISPONDONO?

a) (venire) a casa mia stasera
b) (leggere) qualcosa
c) (prendere) un gelato
d) (rimanere) a pranzo qui
e) allora (mangiare) un toast

**SE AMATE LA NATURA...
SI VOUS AIMEZ LA NATURE...**

non danneggiate i fiori
e gli alberi
n'abîmez pas les fleurs
et les arbres

non inquinate le acque
ne souillez pas les eaux

non accendete fuochi
nei boschi
n'allumez pas de feux
dans les forêts

non lasciate rifiuti
nei prati
ne laissez pas de
déchets dans les prés

ASSESSORATO TURISMO VALLE D'AOSTA
DEPARTEMENT DU TOURISME VALLEE D'AOSTE

Respira la natura
non fumare

Se	ami / amate	la natura

Se ———— la natura ———————— i fiori.

ami / amate — non danneggiare / non danneggiate

ESERCIZIO 3 UN CONSIGLIO

Non leggere troppo! *Continuate.*

Dieci cartoline e dieci francobolli, otto per l'Italia e due per il Brasile.

Vorrei un francobollo per	la Svezia.
	il Belgio.
	gli Stati Uniti.

GARGANO - Vieste
Isoletta di Portonuovo

Vieste   10 luglio 1983

Caro Giacomo
siamo sul Gargano da
dieci giorni. I nostri amici
di Bari ci hanno messo a
disposizione la loro casa.
Il tempo è bellissimo,
facciamo molti bagni e ci
riposiamo.
E che tempo fa da voi?
            Tanti saluti
            Angelo e Grazia
PS Il nostro indirizzo è:
c/o Mascia, lungomare P5
    Vieste (FG)

A cura della Comunità Montana del Gargano
Foto Simone

Riproduzione vietata

Sig.
Giacomo Parodi
Via de' Cerchi 14
23100 Sondrio
_____

...usa il Cap!

Rende più celere il recapito sia nella lavorazione meccanizzata che manuale

Che tempo fa	da voi?		C'è il sole.
	a Sondrio?		Fa caldo.
	a Palermo?		Piove.
	. . .		Fa freddo.

Che brutto tempo!

ESERCIZIO 4   UNA CARTOLINA DALLE VACANZE

Scrivete una cartolina ai vostri amici.

A5

~ Hai scritto a Giacomo?
≈ Sì, gli ho scritto due giorni fa.
~ E a tua sorella?
≈ No, ma le ho telefonato stamattina.
~ Come sta?
≈ Bene.

Hai scritto	a Giacomo?
	a tua sorella?
E	ai nonni?

Sì,	gli	ho scritto ieri.
No, non	le	ho ancora scritto.
	Gli	scrivo adesso.

ESERCIZIO 5   RICOSTRUITE LE FRASI.

1. Sono andato a trovare Paolo all'ospedale e		ho risposto che per noi va bene.
2. Ho telefonato ai nonni e		ho mandato un biglietto di auguri.
3. Ho incontrato Giovanna e	gli	ho raccontato che cosa abbiamo fatto in
4. I Rossi ci hanno invitato per	le	vacanza.
domani sera e		ho portato un po' di frutta.
5. Oggi è il compleanno di Stefania e		ho detto se vuole venire in discoteca con noi.

A₆

~ Allora, vi è piaciuta la Puglia?
~ Sì, ci è piaciuta molto. Ci sono delle spiagge bellissime e poi abbiamo visto tanti altri posti interessanti.
E tu, quando vai in ferie?
~ Fra quindici giorni.

> Vi è piaciuta la Puglia?
> Ti è piaciuto il posto?

> Sì, ci è piaciuta molto.
> No, non mi è piaciuto.

ESERCIZIO 6   VACANZE IN PUGLIA

~ Ti è piaciuto il castello?
≈ Sì, mi è piaciuto.

~ Ti sono piaciute le Isole Tremiti?
≈ Sì, mi sono piaciute.

Continuate.

Castel del Monte

Le Isole Tremiti

1. La chiesa di Santa Croce, Lecce

2. I Trulli di Alberobello

3. Il porto di Taranto

4. Le grotte di Castellana

ESERCIZIO 7   RISPONDETE CON „DA", „FA" O „FRA".

1. Quando va in vacanza, signora? – (15 giorni)
2. Da quanto tempo si trova in Italia? – (3 mesi)
3. Ingegnere, quando è venuto a Firenze la prima volta? – (5 anni)
4. Quando hai cominciato a studiare l'italiano? – (1 anno)
5. Quando arrivano i tuoi suoceri? – (3 settimane)
6. Da quanto tempo conosci i Bianchi? – (sempre)
7. Quando sono venuti a cena a casa vostra i Rossi? – (tanto tempo)

ESERCIZIO 8   CHE PROGETTI AVETE PER LE VACANZE?

Fra dieci giorni vado in vacanza . . . *Continuate.*
(Puglia / camper / un mese / mare / bagni / Castel del Monte / grotte di Castellana . . .)

E adesso parlate dei vostri progetti.

ESERCIZIO 9   LE VACANZE SONO FINITE.

Un mese fa siamo stati . . . *Continuate.*
(Val d'Aosta / macchina / quindici giorni / passeggiate nei boschi / trovare funghi / tempo sempre bello / mangiare bene . . .)

E adesso parlate delle vostre vacanze.

ESERCIZIO 10   UN COMPLEANNO

Trovate i pronomi giusti.

Oggi è il compleanno di Maria / di Carlo:
. . . compro un libro e un disco,
. . . scrivo un biglietto,
. . . invito a cena e
. . . presento i miei genitori.

ESERCIZIO 11   OGGI HO TELEFONATO A FRANCA.

Completate con i pronomi e fate il dialogo.

~ Oggi ho telefonato a Franca, . . . ho detto che andiamo in Austria.
≈ E lei che cosa fa? Va al mare?
~ No, il mare non . . . piace, lo sai. Va in campagna.
≈ Con chi?
~ Con sua sorella di Bologna. . . . conosci?
≈ Certo. Vanno da sole?
~ No, . . . accompagna Paolo in macchina, ma lui torna a casa perché non . . . piace prendere le ferie adesso.

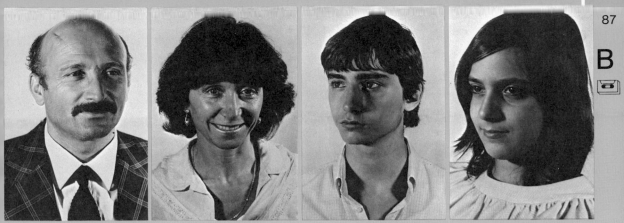

Mare o montagna?

Padre: Quest'estate dove passiamo le vacanze?

Giorgina: Come, dove passiamo le vacanze? Siamo sempre andati al mare, ad Alassio, perché dobbiamo cambiare proprio quest'anno? Io lì ho tutti i miei amici, se voi volete andare in un altro posto, fate pure, ma senza di me. Io vado con i Melini. La madre di Mariella mi ha invitato.

Padre: Cara la mia ragazzina, 14 anni sono troppo pochi per passare le ferie da sola. Tu vieni con noi e senza discutere!

Giorgina: Senti il padre autoritario: vieni! va'! fa'! non discutere! Ma papà, non vedi che i tempi sono cambiati?

Madre: Un momento, ragioniamo con calma, e cerchiamo di arrivare a un compromesso.

Padre: Eh no . . . sono anni che grazie ai vostri compromessi faccio quello che volete voi. Ormai ho deciso: andiamo in montagna.

Valerio: E perché noi dobbiamo andare in montagna quando tutti i nostri amici vanno al mare?

Padre: Perché sono stufo di mare e di spiagge piene di gente. Per mangiare bisogna fare la fila, il menù è scritto in tedesco . . .

Madre: Sù, non esagerare! È vero che ad Alassio nel mese di agosto c'è molta gente, ma la gente è vita, allegria, e poi è bello rivedere le stesse persone, non trovi?

Padre: Eh no, cara, dopo un anno di lavoro io ho bisogno di pace, di silenzio, di fare delle passeggiate nei boschi, di mangiar bene.

Madre: Ma queste cose le puoi avere anche al mare, basta scegliere il posto giusto. In Sardegna per esempio, ci sono delle spiagge quasi deserte, puoi fare tutte le passeggiate che vuoi. La cucina è genuina e poi ci sono tanti posti interessanti.

Giorgina: Ma io voglio andare con Mariella!

Madre: Lo diciamo anche ai Melini, così possiamo andare insieme. Vi va l'idea?

Padre: Mah, vediamo, da qui ad agosto c'è ancora tanto tempo.

ESERCIZIO 12   DOVE PASSIAMO LE VACANZE?

Cross out the letters of the incorrect answers to find a word.

1. Gli amici di Valerio vanno al mare.
2. Il padre ha bisogno di allegria.
3. In Sardegna ci sono spiagge quasi deserte.
4. Valerio vuole andare in montagna.
5. Giorgina vuole passare le ferie da sola.
6. La madre cerca un compromesso.
7. In Sardegna ci sono dei posti dove la cucina è ancora genuina.

SÌ	NO
A	T
R	L
A	E
B	S
S	R
I	O
O	N

ESERCIZIO 13   IN FAMIGLIA

Ricostruite il dialogo.

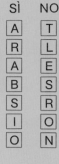

Dove andiamo in vacanza?

b) Voglio andare al mare con Mariella!

a) Vi va l'idea di andare in Sardegna?

c) Ci sono ancora spiagge deserte e la cucina è genuina.

d) E poi sono stufo di spiagge piene di gente. Quest'anno andiamo in montagna!

e) La montagna non mi piace! Io vado con i miei amici.

f) Non discutere! Tu vieni con noi. Non puoi andare con i tuoi amici!

g) A 14 anni non puoi passare le ferie da sola.

h) Mah, vediamo. Abbiamo ancora tempo per decidere.

ESERCIZIO 14   AL TELEFONO

Mariella: Allora, vieni anche tu ad Alassio?
Giorgina: Io vorrei venire, ma
mio padre dice che . . .
mio fratello . . .
mia madre . . .

Che cosa racconta Giorgina?

ESERCIZIO 15   PARLIAMO DI VACANZE.

Gianni e Barbara vogliono andare in vacanza ma hanno idee diverse.
Fate il dialogo.

Gianni
– preferisce un luogo tranquillo in montagna
– non gli piacciono le spiagge piene di gente
– è stanco, ha bisogno di pace e silenzio

– non vuole stare sempre al mare

– desidera vedere dei dépliant

Barbara
– vuole andare al mare come tutti gli anni
– trova che in luglio non c'è molta gente
– conosce tanti posti tranquilli, in Puglia per esempio
– dice che in Puglia c'è anche la possibilità di fare passeggiate nei boschi
– vuole scrivere all'Ente per il Turismo

ESERCIZIO 16   VORREI ANDARE A . . .

Volete passare le vacanze in Italia. Dite quale posto o quali posti preferite e perché.

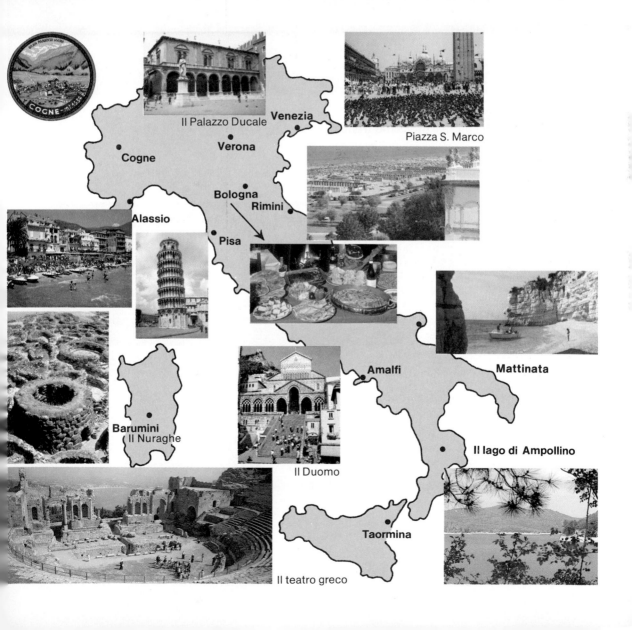

Il Palazzo Ducale — Venezia — Piazza S. Marco — Verona — Cogne — Bologna — Rimini — Alassio — Pisa — Amalfi — Mattinata — Barumini — Il Nuraghe — Il lago di Ampollino — Il Duomo — Taormina — Il teatro greco

A₁

~ A che ora parte il prossimo treno per Pisa?
≈ Alle 11.10.
~ Da quale binario?
≈ Dal binario numero 7.
~ Grazie.

destinaz.	indicazioni sussidiarie	cat.	ore	bin.	destinaz.	indicazioni sussidiarie	cat.	ore	bin.
MILANO		TEE	10.40	9	MILANO		EXPR	9.15	
VENEZIA		EXPR	10.50	6	MILANO		EXPR	10.15	
ROMA		EXPR	10.53	11	MILANO		EXPR	11.33	
VIAREGGIO	VIA PISTOIA	Loc.	11.02	1					
GROSSETO	VIA PISA	Loc.	11.15	2					

TRAIN DEPARTURES / DÉPARTS DE TRAINS — **TRENI IN PARTENZA** — TRENES EN SALIDA / ZUG-ABFAHRTEN

ESERCIZIO 1   A CHE ORA PARTE?

Guardate il tabellone e fate il dialogo.

Ufficio informazioni

Biglietteria

Sala d'attesa

Deposito bagagli

Gabinetti

Prenotazioni
posti cuccetta

A₂

~ Due biglietti di andata e ritorno per Perugia, seconda classe.
≈ 24.000 lire.
~ Devo cambiare?
≈ Sì, a Terontola. Se non arriva in ritardo, c'è subito la coincidenza.

ESERCIZIO 2   ALL'UFFICIO INFORMAZIONI

You say that you want to go to Vicenza and ask if
there is a late evening train:

~ _____

≈ Sì, c'è un rapido alle 21.35.

You ask if there is a second class service:

~ _____

≈ No, ha solo la prima.

You ask if there is a fast train:

~ _____

≈ Sì, c'è il diretto delle 21.40, però deve
cambiare a Verona.

You ask if there is an immediate connection:

~ _____

≈ No, deve aspettare due ore e mezzo.

You thank him:

~ _____

ESERCIZIO 3   ALLA STAZIONE DI ROMA

Leggete le domande, ascoltate e rispondete.

1. Quanto ritardo ha l'espresso 218?
2. Da quale binario parte il treno locale per Frascati?
3. Su quale binario arriva il diretto proveniente da Livorno?

11
92
A₃

nuova SCIROCCO

più bella
più grande
più economica

Da domani la benzina aumenta a 1195 lire

Aumentano anche i mezzi pubblici

Biglietto a 500 lire

dal 28 Febbraio

ESERCIZIO 4 E LEI, CHE COSA PRENDE?

Per andare a fare la spesa prendo l'autobus perché è più pratico.

Continuate.

Per andare	in centro	prendo
	al lavoro	
	alla stazione	
	in vacanza	
	al mercato	
	a fare una gita	
	dal mio amico	
	dalla mia amica	

perché è più / meno

comodo
veloce
caro
pratico
sicuro
economico

SUL LAGO DI GARDA CON L'ALISCAFO
IL MODO PIÙ MODERNO PER CONOSCERE
VERAMENTE UN LAGO PITTORESCO

TEE — I treni rapidi più moderni e silenziosi delle Ferrovie dello Stato

FS

**Con Alitalia hai trovato l'America
8 giorni a New York
aereo + hotel Iª categoria
1.060.000 lire
Alitalia ti offre i programmi
più belli ai prezzi più bassi**

ESERCIZIO 5 LA VOSTRA PUBBLICITÀ

Completate con: bello, elegante, tranquillo, comodo, famoso, interessante.

Scegliete Alitalia, il modo più comodo e veloce di andare in vacanza.

Prendete il treno, il mezzo . . . per viaggiare.

Ti aspettiamo a Venezia, la città . . . del mondo.

Scegliete la Giulietta, la macchina . . . per l'uomo di oggi.

Visitate l'Umbria la regione . . . d'Italia.

~ Il pieno, per favore.
  Senta, per andare a Tortona, che strada
  devo prendere?
≈ Prenda l'autostrada! Continui
  sempre dritto fino al secondo
  semaforo, poi giri a sinistra e dopo d
  tre chilometri vede il casello.
~ Grazie.

Senta,

             per andare a . . . ?

Scusi,

Prenda la prima a sinistra,

continui dritto fino al secondo incrocio e poi

vada . . .

Mi dispiace, non lo so, chieda a un vigile.

ESERCIZIO 6 TROVATE LA RISPOSTA GIUSTA.

1. Controllo anche l'olio, signora?
2. Per andare a Caserta, devo prendere l'autostrada?
3. Ha un gettone, per favore?
4. Mi può aiutare a mettere su la valigia?
5. Scusi, per andare alla stazione?
6. È chiuso il museo?
7. A che ora parte il treno per Urbino?
8. Vorrei prenotare una cuccetta sul treno delle 21.07 per Francoforte.

a) Non lo so, guardi il tabellone delle partenze.
b) Prenda la prima strada a destra e continui sempre dritto.
c) Mi dia il Suo biglietto, per favore.
d) No, continui pure su questa strada.
e) No, grazie, faccia solo il pieno.
f) Ma certo. Lasci, faccio io.
g) No, mi dispiace, ma chieda al bar qui di fronte.
h) Oggi sì. Torni domani mattina.

ESERCIZIO 7 UN INGLESE A FIRENZE

Scusi, per andare alla stazione? *Guardate la pianta della città e rispondete.*

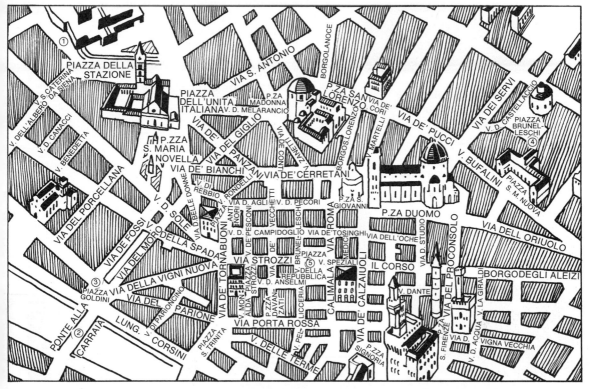

Dove siete:	Stazione ①	Ponte alla Carraia ②	Piazza Goldoni ③	Brunelleschi Piazza ④	Piazza della Repubblica ⑤
Dove vuole andare il turista inglese:	Fiume	Duomo	Piazza San Lorenzo	Stazione	Piazza S. Maria Novella

A 6

Onda Verde:

... chiusa per incidenti la statale adriatica al km 25 ... traffico intenso sull'autostrada A 1 in direzione Sud ... ingorghi all'uscita per Salerno ... code ai caselli e ai valichi di frontiera.

ESERCIZIO 8   PRIMA DELLA PARTENZA

Antonio è pronto per partire, la nonna gli dice
- di fare attenzione al traffico e di non andare forte con la moto
- di fare una pausa quando è stanco
- di prendere un caffè e di mangiare qualcosa
- di telefonare quando arriva
- di salutare la mamma e il papà

Allora Antonio, fa' attenzione al traffico . . . *Continuate.*

ESERCIZIO 9   BUONE VACANZE!

Prima delle ferie la radio Le consiglia

- di preparare le valigie con calma
- di non partire il primo giorno di ferie
- di chiudere bene a chiave
- di dare la chiave ad un amico
- di lasciare anche il numero di telefono dell'albergo
- di ascoltare con attenzione le informazioni di "Onda verde"

Per cominciare bene
le Sue ferie
prepari le valigie
con calma, . . .

e . . . buone vacanze!

Sosta vietata dal lato della cifra „I" i giorni di data dispari; dal lato della cifra „II" i giorni di data pari.

Divieto di transito

Divieto di sorpasso
per tutti gli autoveicoli

Via dalla pazza coda

Ore 14 di venerdì 30 luglio. Gli operai del primo turno lasciano
la Fiat e salgono sulle macchine ferme al parcheggio, dove, già
dal mattino, li aspettano le mogli e i figli, e via!
Via per il mare, per il Sud!
La stessa cosa succede in tutte le grandi città industriali e così
ogni anno, all'inizio delle vacanze, migliaia e migliaia di automobilisti
lasciano tutti insieme la città per andare al mare o a trovare i parenti
rimasti al paese. E questo perché in Italia le fabbriche e gli uffici
chiudono tutti nello stesso periodo.
Ma ecco che appena fuori dalla città incominciano le code.
Per entrare in autostrada bisogna aspettare delle ore.
La macchina ferma al sole diventa un forno. Il motore fuma. I bambini
piangono. Tutti sono nervosi. Viaggiare in queste condizioni diventa
pericoloso e succedono molti incidenti. Eppure la gente passa ore e ore
in macchina perché vuole lasciare subito l'odiata fabbrica,
l'odiato ufficio, l'odiata città.
Purtroppo i treni e gli altri mezzi pubblici non funzionano sempre
bene e così la macchina resta il mezzo più comodo per andare
da un posto all'altro.
Per evitare gli ingorghi la radio trasmette un programma,
"Onda verde", che dà informazioni sulla situazione del traffico.
La Società Autostrade ha lanciato una campagna pubblicitaria
dal titolo "Una partenza intelligente": ai caselli delle autostrade,
nelle stazioni di servizio, nei motel e alla frontiera gli automobilisti
ricevono dei volantini scritti in italiano, francese, e tedesco che indicano
i giorni critici per le partenze.
In Sardegna poi, per aiutare gli automobilisti in coda nei porti,
quest'anno hanno avuto un'idea originale: hanno organizzato
letti di fortuna e distribuito un pasto caldo al giorno.

ESERCIZIO 10 IL GIORNO DELLA PARTENZA

Raccontate.

Ma, appena fuori dalla città . . .

Due ore dopo . . .

Per fortuna, la sera . . .

ESERCIZIO 11   SIAMO STUFI DI ASPETTARE!

Rispondete alle domande.

Madre: *Ecco il papà, partiamo subito, siamo stufi di aspettare!*

Dov'è la madre e con chi parla?
Chi è stufo di aspettare?
Dov'è stato il papà?

Padre: *Questa macchina è un forno! Bambini state buoni!!*

Perché la macchina è un forno?
Perché tutti sono nervosi?
Dove si trova la famiglia?

Onda verde: *Molto traffico sulle autostrade, code ai caselli autostradali.*

Che cos'è "Onda verde"?
Perché e quando c'è molto traffico sulle autostrade?
Solo ai caselli autostradali ci sono code?

ESERCIZIO 12   FATE LA CONVERSAZIONE.

1. Quando andate in vacanza, viaggiate di giorno o di notte?
2. Ci sono anche in Inghilterra problemi di traffico?
3. Come evitate le code quando partite per le vacanze?
4. C'è in Inghilterra un programma alla radio come "Onda verde"?

ESERCIZIO 13   ALLA CASSA DI UN AUTOGRILL

Ascoltate il testo e raccontate la storia.

~ Scusi, mi può indicare una buona trattoria qui vicino?

≈ Vada al Boscaccio. È proprio qui, sulla strada per Todi.

~ Si spende molto?

≈ No, non tanto. E si mangia bene.

~ Grazie.

Come si mangia   al Boscaccio?

_____

Si spende molto   da Gianni?

Bene.
Piuttosto bene.
Male.
_____
No, non si spende tanto.
No, si spende poco.
Sì, è piuttosto caro.

ESERCIZIO 1   UNA DOMENICA TIPICA

Che cosa si fa dopo il pranzo in Italia?
Si prende il caffè, poi . . .

   o

La sera  o  o

A₂ **COME APPARECCHIARE LA TAVOLA**

il bicchiere da acqua — il cucchiaino — il tovagliolo — la forchetta

il bicchiere da vino — il piatto — il coltello — il cucchiaio — la tovaglia

ESERCIZIO 2   I REGALI DI SILVIA E MARCO

Silvia e Marco fra un mese si sposano. Hanno già ricevuto dei regali. Che cosa?

A₃ **IN TRATTORIA**

~ Che cosa c'è di buono oggi?
≈ Come primo abbiamo gli gnocchi fatti in casa.
~ Bene, allora un piatto di gnocchi.
≈ Prima Le porto un po' d'antipasto?
~ No, grazie.
≈ E da bere, che cosa prende?
~ Mi porti mezzo litro di vino rosso.

A₄ **AL RISTORANTE**

~ Come secondo, che cosa prendete?
≈ Io prendo il brasato con i funghi, e tu?
≈ Non so ancora. Il brasato, che cos'è?
~ È carne di manzo, cotta nel vino.
≈ No, preferisco una bistecca.
~ Come la vuole? Al sangue o ben cotta?
≈ Ben cotta!

| Come | antipasto,
primo,
secondo,
contorno,

E da bere, | che cosa | prende?

prendete? | Mi

Ci | porti ... |

LISTA DELLE VIVANDE

Antipasti
antipasto misto
prosciutto e melone
insalata di mare

Primi piatti
minestrone
spaghetti al pomodoro
tortellini in brodo
"   al ragù
penne all'arrabbiata
risotto ai funghi

Secondi Piatti
CARNE
cotoletta alla milanese
bistecca alla fiorentina
arrosto di vitello
fegato alla veneziana
petti di pollo al vino bianco

PESCE
cozze alla marinara
sogliola fritta
pesce spada alla griglia
fritto misto

Contorni
insalata mista
patatine arrosto
finocchi al burro
melanzane

Formaggi assortiti

Frutta e dolce
frutta di stagione
macedonia di frutta fresca
torta gelato
zuppa inglese

SERVIZIO COMPRESO

ESERCIZIO 3   LA MACEDONIA, CHE COS'È?

Fate le domande e scegliete la risposta giusta.

| 1. La macedonia,
2. E l'antipasto misto,
3. E le penne all'arrabbiata,
4. E gli gnocchi,
5. E la zuppa inglese,
6. E lo spezzatino, | che cos'è?
che cosa sono? | a) Sono un tipo di pasta fatta di patate e farina.
b) È un dolce con la crema.
c) È un'insalata di frutta.
d) Sono un tipo di pasta con sugo di pomodoro e peperoncino.
e) Sono piccoli pezzi di carne cotti con vino e pomodori.
f) È un piatto di salame, prosciutto, olive, funghi o carciofini sott'olio. |

ESERCIZIO 4   AL RISTORANTE

Guardate la lista, scegliete e ordinate.

A5

~ Desiderate altro?
  Dolce, formaggio, frutta . . .
≈ Sì, ci porti della frutta e due amari.

Desidera altro?

Sì, mi porti	dell'uva. del formaggio. un po' di pane.
No, mi porti	il conto.

ESERCIZIO 5   CHE COSA SI MANGIA STASERA?

Completate con: di, del, della, dei, delle.

~ Senti, Gabriella, ho invitato Giorgio e Francesca a cena. Ti dispiace?
≈ No, ma che cosa preparo?
~ Non abbiamo . . . carciofini sott'olio, . . . olive e . . . salame?
≈ Sì, e poi posso fare le scaloppine al vino bianco con un po' . . . insalata verde.
~ Buona idea. E alla fine puoi offrire un po' . . . formaggio e . . . frutta.
≈ Benissimo. Allora cominciamo a preparare.

A6

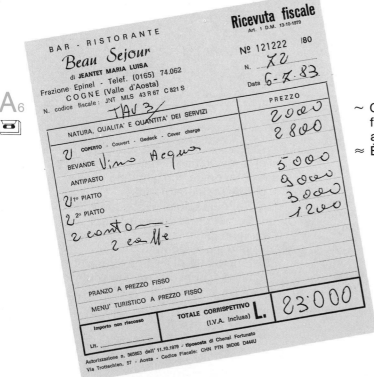

~ Cameriere, può controllare il conto, p[er]
  favore? Noi abbiamo preso due
  amari, e non due caffè.
≈ È vero, scusi, c'è un errore.

Quante volte nelle famiglie italiane si sente dire: «Stasera andiamo a mangiare in trattoria!» Ma che cos'è la trattoria? È un locale tipicamente italiano, che rispecchia il nostro gusto e la nostra mentalità.

Agli italiani, si sa, piace mangiar bene, ma ai piatti troppo raffinati, preferiscono cose più semplici e genuine che però richiedono non solo ingredienti di prima qualità, ma anche partecipazione personale da parte di chi li prepara.

Ecco perché molte volte in cucina c'è una donna, di solito la moglie del proprietario, che sa dare ai piatti il sapore delle cose fatte in casa. La lista non è molto lunga perché quasi tutto è preparato al momento: offre specialità della casa e specialità regionali. I tavoli sono preparati in modo semplice, ma con cura, e . . . cosa importante, il vino è genuino.

Oggi questo tipo di locale deve affrontare la concorrenza della «pizzeria», della «tavola calda» e dei nuovi locali «fast-food» di importazione americana, aperti da poco in Italia. La pizzeria offre la possibilità di mangiare fuori senza spendere tanto: non solo pizza, anche altre cose, e poi è un punto d'incontro per i giovani e i meno giovani. Un posto dove si può trovare un paio di amici per passare insieme la serata, o dove si può andare a mangiare qualcosa dopo il cinema o il teatro, e discutere dello spettacolo appena visto.

Chi ha poco tempo invece, va alla tavola calda: i piatti sono di numero limitato, ma già pronti, il servizio è semplice e si può mangiare o al tavolo, o al banco, o in piedi.

Ma l'ultima novità sono i ristoranti fast-food che piacciono soprattutto ai ragazzini, che vanno pazzi per il «modello America», fatto di patatine, hamburger, coca-cola e gelati.

Mancanza di tempo, aumento dei prezzi, desiderio di essere alla moda: ecco i motivi del successo di questi nuovi locali. Ma fino a che punto gli italiani sono pronti a cambiare le loro abitudini?

ESERCIZIO 6   È VERO?

Dite quali frasi sono giuste e quali no.

In una trattoria:
a) i piatti sono raffinati.
b) in cucina c'è di solito la moglie del proprietario.
c) ci sono le specialità della casa e i piatti regionali.

In una tavola calda:
g) va chi ha molto tempo.
h) i piatti non sono ancora pronti.
i) si può mangiare al tavolo.

In una pizzeria:
d) si spende molto.
e) gli amici passano insieme la serata.
f) si può andare a mangiare dopo uno spettacolo.

In un ristorante fast-food:
l) ci sono molti ragazzi.
m) si può mangiare un piatto di spaghetti.
n) non c'è gelato.

ESERCIZIO 7   PER LA CONVERSAZIONE

1. Quando siete in Italia, in quale locale preferite mangiare e perché?
2. Come trovate la cucina italiana? Che cosa preferite e che cosa non vi piace?
3. Secondo voi, perché hanno successo la tavola calda e il ristorante fast-food?
4. Quali tipi di locali ci sono in Inghilterra?
5. Hanno successo i locali italiani in Inghilterra?

ESERCIZIO 8   IL LOCALE IDEALE

Qual è il vostro locale ideale . . . ?

– per festeggiare un compleanno con gli amici
– per invitare la moglie/la ragazza
– per mangiare con tutta la famiglia
– per mangiare qualcosa prima della partenza del treno
– per parlare un po' con gli amici dopo il cinema

A₁ IN BANCA

~ Vorrei cambiare £100.
≈ Ha un documento d'identità, per favore?
~ Sì, eccolo. Quant'è il cambio oggi?
≈ 2,350 lire. Si accomodi pure alla cassa.

banconote

Mi dia anche un po' di spiccioli

monete

ESERCIZIO 1 ECCOLO, ECCOLA...

a) *Mettete in ordine e fate dei minidialoghi.*

Esempio: ~ La patente, prego.
≈ Eccola.

1. Lo scontrino, per favore.
2. Ha 200 lire, signora?
3. Il passaporto, prego.
4. Hai già comprato i biglietti?
5. Dov'è la chiave della macchina?
6. Biglietto, prego.

A. Eccolo.
B. Sì, eccoli.
C. Eccola.
D. Sì, eccole.

b) *Dove sono le persone che parlano?*

1. Al bar/Al deposito bagagli ... *Continuate.*

A₂

Giacchetta celeste pastello su camicetta di seta a motivo geometrico. Gonna all'altezza del ginocchio. Borsetta e baschetto di color marrone.

Cappotto di lana e pantaloni di velluto a coste. Sciarpa giallo senape. Cintura di cuoio chiaro e scarpe sportive.

Completo spezzato con giacca a righe verticali e gonna in tinta unita. Camicetta di cotone a righe sottili. Giaccone a quadri. Calze marrone scuro e cappello tipo Borsalino.

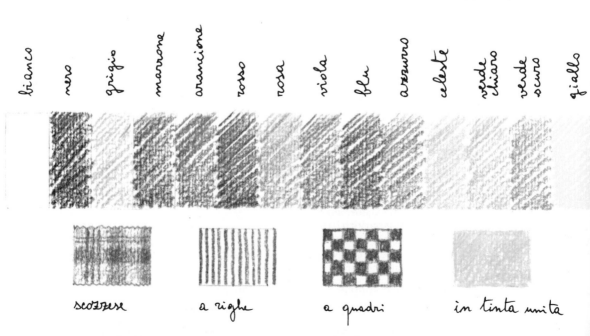

bianco · nero · grigio · marrone · arancione · rosso · rosa · viola · blu · azzurro · celeste · verde chiaro · verde scuro · giallo

scozzese · a righe · a quadri · in tinta unita

A₃

Cliente: Vorrei provare la gonna da 40.000 lire che è in vetrina.
Commessa: Che taglia ha?
Cliente: La 42.
Commessa: Eccola. La provi pure.
Cliente: Mi sembra un po' stretta e poi è troppo corta. Mi faccia provare la taglia più grande.
Commessa: Mi dispiace, ma non c'è più. Se vuole vedere un altro modello . . .
Cliente: No, grazie, non importa.

ESERCIZIO 2   IN UN NEGOZIO

~ Vorrei provare la gonna da 40.000 lire che è in vetrina.
≈ Eccola, la provi pure.
Guardate la vetrina e fate il dialogo.

~ Vorrei provare il vestito a righe che è in vetrina.
≈ Eccolo, lo provi pure.

ESERCIZIO 3   UN OSPITE

An Italian acquaintance is coming to visit you and you ask your teacher and fellow students for advice as to what to do.
Make up your answers, using the imperative and personal pronouns as in the example.

Gli/Le prepari qualcosa di buono.

Che cosa posso fare per il mio ospite italiano / la mia ospite italiana?

Cook something nice

Gli preparo dei piatti italiani?

No – preferably English specialities

Nel pomeriggio dove si può andare?

Visit a museum or an exhibition

I negozi e i supermercati possono essere interessanti per un italiano?

Of course – particularly chain stores, hypermarkets etc.

Gli compro un abbonamento per l'autobus?

Yes – provide map of town

E la sera, cosa si può fare?

Wednesday – invite to Italian evening class

Una volta lo vorrei portare anche a vedere uno spettacolo.

Good idea – ask if he/she would like to come to my house one evening

grazie

ABITI DA UOMO E DA DONNA A PREZZI FAVOLOSI

SALDI

L.80'000

L.25'000

L.40'000   L.30'000

~ Ti piace questo maglione?
≈ Sì, ma è troppo lungo, quello rosso ti sta
  meglio. E con i pantaloni che hai
  va benissimo.
~ Davvero? Allora prendo quello.
  Quanto viene?
≈ 30.000 lire.
~ Mi fa un po' di sconto?
≈ Ma sì, facciamo 28.000.

Ti piace questo maglione?	Sì, ma quello rosso ti sta meglio.
Ti piacciono questi pantaloni?	No, preferisco quelli neri.

ESERCIZIO 4   QUESTO O QUELLO?

~ Ti piace questo impermeabile?
≈ Sì, ma quello nero ti sta meglio./
  No, preferisco quello nero.

Continuate.

~ Guarda quei sandali come sono belli!
≈ Sì, perché non li provi?
~ È proprio il mio numero. Come mi stanno?
≈ Bene e poi costano poco.
~ Non mi bastano i soldi. Mi puoi prestare
  10.000 lire?
≈ Ma certo.

	quei sandali	come sono	belli!
	quelle calze		belle!
Guarda			
	quel maglione	com' è	bello!
	quella borsa		bella!

ESERCIZIO 5   SUE ED IO

Completate con: quel, quella, quelle, quello.

Sue, guarda . . . negozio, è nuovo. Andiamo a vedere se c'è qualcosa di bello.
Sì. Guarda . . . sciarpa di lana, com'è carina!
E . . . calze colorate!!! . . . rosse mi piacciono proprio.
Perché non le compri? Con il vestito che abbiamo comprato insieme vanno benissimo.
Ah sì, . . . grigio. Vieni, chiediamo quanto costano.

ESERCIZIO 6   CERCATE LA PAROLA CHE NON VA.

passaporto – documento – libro patente	sciarpa – cotone – seta – lana	a righe – a quadri – genuino – scozzese
cambiare – leggere – spendere – risparmiare	scarpe – cravatta – cintura cappello	lungo – stretto – sicuro – corto

A₆ **IN UN NEGOZIO DI CALZATURE**

~ Cerco un paio di scarpe nere, sportive.
≈ Che numero porta?
~ Il 42.
≈ Questo modello Le piace?
~ Non tanto. Mi faccia vedere qualcos'altro.
   . . .
≈ Come vanno?
~ Queste sono comode, ma quelle mi piacciono
   di più. Sono indeciso . . . Ci penso.

> Le piace questo modello?

> Sì, è proprio bello.
> Non tanto. Mi faccia vedere qualcos'altro.
> Mi sembra troppo elegante.
> Sì, ma quello mi piace di più.

ESERCIZIO 7   IL CLIENTE DIFFICILE

In un negozio di abbigliamento Lei prova una giacca ma non è proprio quella che cerca.
Fate il dialogo con il commesso.

I Suoi argomenti:

Gli argomenti del commesso:

È TROPPO GRANDE/
LUNGA/CORTA/
STRETTA.   VORREI
            QUALCOSA
È TROPPO   DI PIÙ
CARA!   ELEGANTE/
             CLASSICO/
SONO INDECISO. MODERNO.

                NON MI PIACE
                IL COLORE/
                IL MODELLO.

MI FA UN PO' DI SCONTO?

        CI PENSO!

IL COLORE/
IL MODELLO/
LE STA BENE.

MI DISPIACE, MA SONO
PREZZI FISSI.

A QUESTO PREZZO NON LO
TROVA IN UN ALTRO
NEGOZIO!

È PROPRIO LA SUA TAGLIA.

QUEST'ANNO È DI MODA COSÌ.

COME VUOLE, SIGNORE!

A₇

~ Oggi pomeriggio sono andata in città a
  fare spese.
≈ Fammi vedere che cosa hai comprato!
~ Questi pantaloni.
≈ Belli! Provali! Voglio vedere come ti stanno.

Come mi	sta questo vestito?
	stanno queste scarpe?

Bene,	prendllo!
	comprale!

ESERCIZIO 8   FAMMI VEDERE!

Completate con l'imperativo e i pronomi, dove sono necessari, e poi fate il dialogo.
(dire, fare, guardare, provare, prendere)

Stefania	Giuliana
~ Hai trovato qualcosa di bello in città? →	≈ Sì, e non ho speso tanto!
~ _____ vedere che cosa hai comprato!	≈ _____! Ti piace?
~ Un abito da sera! Che eleganza! Ma _____, quanto ti è costato?	≈ 65.000 lire, però è un saldo.
~ Così poco? Ti dispiace, se lo provo?	≈ No, no, _____ pure. Sai che ti sta proprio bene?
~ Allora lo compro anch'io.	≈ Sì, però _____ di un altro colore.

ESERCIZIO 9   CHE FARE?

Es. ~ Luigino, dove possiamo comprare la frutta, in un negozio o al mercato?
    ≈ Compratela al mercato.

    ~ Ragazzi, che cosa regaliamo al babbo: una cravatta o una sciarpa?
    ≈ Regaliamogli una sciarpa.

Continuate.
1. Roberto, cambiamo i soldi in albergo o in banca?
2. Signora, cosa Le porto come aperitivo?
3. Ragazzi, quando vi dobbiamo telefonare?
4. Carlo, quando posso invitare le mie amiche a cena?
5. Lascio le scarpe nella scatola o le metto in una borsa di plastica, signora?
6. Franco, che cosa possiamo regalare ai tuoi figli, dei libri o dei soldi?

CON LA SCIARPA AL COLLO TI RICONOSCO

Di lana, di cachemire o di seta è diventata un motivo ornamentale. Molto richiesta è quella lunga due metri.

B₂ Intervista al direttore di un negozio di moda

~ Lei è direttore di un negozio così elegante: Che cosa ci può dire del Suo lavoro? Quali sono i Suoi problemi?

≈ Mi piace perché sono a contatto con la gente, non vorrei certo stare tutto il giorno in un ufficio. Ma i problemi non mancano. Bisogna prevedere il gusto del pubblico e offrire sempre cose che piacciono. E poi non basta saper vendere, bisogna accontentare il cliente. Se il cliente non è contento, non ritorna più.

~ Parliamo un po' dei Suoi clienti. Chi frequenta questo negozio?

≈ Soprattutto uomini, perché vendiamo roba da uomo. Ma anche le donne non mancano. In genere vogliono fare un regalo al ragazzo, al marito, al figlio.

~ Bene. Ma che tipo di gente è?

≈ La più diversa. Sa . . . la moda oggi è alla portata non dico di tutti, ma di tanti . . .

~ Mah . . . vedo il prezzo di questo cappotto . . .

≈ Il cappotto o l'abito firmato sono ancora capi esclusivi, ma gli accessori ormai li possono comprare tutti. Pensi che l'anno scorso abbiamo venduto 2500 sciarpe da uomo. Sa, la sciarpa ha avuto un grande ritorno.

~ E allora parliamo di sciarpe: Che cosa va d moda?

≈ Lei sa benissimo che «l'uomo nuovo» è colo rato. Quindi la sciarpa può essere lunga anch due metri o corta . . . non importa, ma si dev vedere. I colori che vanno forte sono il verde, viola, il giallo, il turchese. Oggi è possibile rico noscere un uomo dal tipo di sciarpa che porta

~ Davvero? Mi faccia degli esempi.

≈ I laureati in legge portano la sciarpa scozzese Gli architetti la portano a righe dai colori molt forti, per esempio giallo e blu. I poeti invece l portano vecchia e sciupata.

~ Interessante. E chi la porta in tinta unita?

≈ I timidi.

~ Insomma, secondo Lei, anche chi crede essere originale in realtà segue dei cliché È così?

≈ Sì, io la penso così. Oggi i cliché sono divers da quelli di una volta, ma sono sempre cliché Ma in fondo, scusi, che cosa c'è di male?

SERCIZIO 10 CHE COSA È FALSO?

the following text some of the statements do not correspond with the interview. Which ones?

arla il direttore di un negozio di moda:
Mi piace il mio lavoro, ma vorrei stare più volentieri in un ufficio perché qui in negozio ci sono molti
roblemi. Non è necessario prevedere il gusto del pubblico, ma bisogna accontentare il cliente. Se il
liente è contento, ritorna. In questo negozio vengono le donne a comprare regali.
uest'anno, per la prima volta, va di moda la sciarpa, che deve essere nera, solo i poeti la portano
olorata.
la oggi, chi è veramente originale, non segue cliché!

SERCIZIO 11 DOMANDE SUL TESTO

. È contento del suo lavoro il direttore? Perché?
. Quali sono i suoi problemi?
. Come mai è possibile riconoscere un uomo dalla sciarpa?
. Chi compra in questo negozio di moda?
. Che cosa vuol dire «seguire dei cliché»?

SERCIZIO 12 LA SCIARPA AL COLLO

vete comprato delle sciarpe e degli scialli. Dite a chi li regalate (tipi di persone, parenti, amici)
perché.

ESERCIZIO 13   PER LA CONVERSAZIONE

1. Lei porta la sciarpa? Perché?
2. Lei ha i Suoi colori preferiti, o segue la moda?
3. Dove compra gli accessori? Perché?
4. In Italia si segue molto la moda, e in Inghilterra?

ESERCIZIO 14   TU SEGUI LA MODA?

Due amiche, Anna e Adriana hanno idee diverse sulla moda:

Anna	Adriana
– segue la moda perché le piace	– preferisce spendere i soldi per altre cose
– passa volentieri il tempo nei negozi	– non ha molto tempo
– per lei una persona che segue la moda ha più successo	– per lei la moda non è importante per avere successo
– va con i tempi	– anche se non segue la moda non si sente fuori dal tempo
. . .	. . .

Adriana: Tu segui la moda?

Anna: _____

Ricostruite il dialogo.

ESERCIZIO 15   CLICHÉ

1. «Per andare a teatro bisogna mettersi un abito elegante».
2. «Con la suocera è difficile andare d'accordo».
3. «Gli italiani hanno molto temperamento, gli inglesi invece sono freddi».
4. «In Italia fa sempre caldo».
C'è qualcosa di vero in questi cliché? Dite la vostra opinione.

LA BAMBOLA DI CREPEREIA

A₁

Crepereia, una bambina morta quasi 2000 anni fa per una malattia sconosciuta, ci ha lasciato una bambola meravigliosa.

La bambola d'avorio è alta ventitré centimetri, ha un corpo ben proporzionato e gambe e braccia snodabili.

I viso è di un ovale classico, gli occhi, il naso e la bocca sono espressivi e ben caratterizzati.

I capelli sono raccolti in un'acconciatura alla moda dell'imperatrice Faustina e coprono quasi interamente gli orecchi.

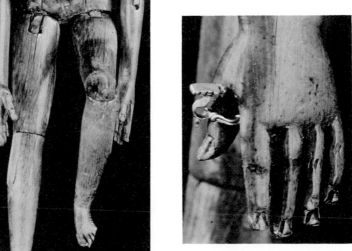

I collo è in perfetta armonia con e spalle.

Nel pollice della mano sinistra ha un anello con scritto un nome: Filetus; probabilmente il fidanzato di Crepereia.

A₂

FARMACIA

Cliente:	Vorrei qualcosa contro il raffreddore.
Farmacista:	Prenda queste pastiglie: una ogni sei ore.
Cliente:	Queste le ho già prese. Non ha qualcosa di più forte?
Farmacista:	Sì, ma ci vuole la ricetta medica.

Prenda   queste pastiglie.
_____
         questo sciroppo.

Queste le ho già prese.
_____
Questo l'ho già preso.

A₃

Anche le medicine possono essere dannose alla salute. Prima di prenderle consultate il vostro medico di fiducia.

ESERCIZIO 1 IN VIA GARIBALDI

In una casa di via Garibaldi alle 9 di sera.

Completate le risposte con i pronomi personali e mettete i verbi nella forma appropriata.

ESERCIZIO 2 QUESTO L'HO GIÀ VISTO.

~ Anna, perché non andiamo a vedere
  questo film?

≈ Questo l'ho già visto.

~ Carlo, hai già letto questi libri?

≈ No, questi non li ho ancora letti.

Continuate.

1. Franca, perché non prendi queste capsule contro il raffreddore?
2. Avete già visto questa commedia di Pirandello?
3. Hai già sentito questi dischi?
4. Signora, perché non prova anche questo modello?
5. Se non sai che cosa fare, perché non leggi questa rivista?
6. Signora, ha già provato questo tè?

A₄

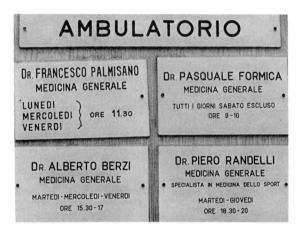

~ Pronto, signorina, c'è il dottore?

≈ Mi dispiace, il dottore adesso non c'è: è all'ospedale.

~ Avrei bisogno di una visita. Mi può dare un appuntamento?

≈ Domani pomeriggio alle 16, Le andrebbe bene?

~ Sì, benissimo, grazie.

Avrei bisogno di una visita.	Potrebbe venire alle 11?
Mi può dare un appuntamento?	Le andrebbe bene domani alle 16?

ESERCIZIO 3 CHE COSA FAREBBE AL POSTO MIO?

~ Per essere meno nervoso, che cosa faresti?
≈ Io prenderei una camomilla.

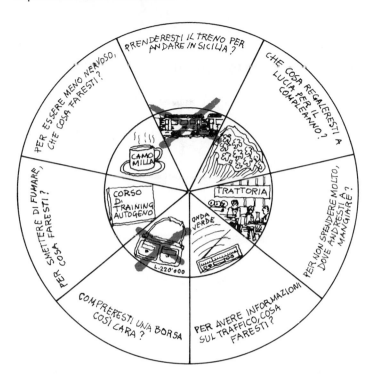

ESERCIZIO 4 IDEE DIVERSE

Mio marito ed io abbiamo deciso di comprare una macchina nuova. Io comprerei una macchina comoda e pratica, mio marito invece preferirebbe una macchina sportiva e veloce.

Continuate.

1. Mia figlia tra un mese si sposa.
   Io . . .   lei invece . . .

2. Stasera mio figlio . . .   io invece . . .

3. Quest'estate io . . .   la mia amica invece . . .

4. Domenica prossima mia moglie . . .   io invece . . .

DAL MEDICO

~ Che cosa si sente?
≈ Mi fa male la gola, ho la tosse e un po' di febbre.
~ Vediamo . . . apra la bocca . . .
  Adesso si spogli . . . respiri a lungo . . . tossisca!
≈ Che cosa ho, dottore?
~ È solo una leggera bronchite e la gola è un po' infiammata.
  Le prescrivo delle capsule.
≈ Quante ne devo prendere?
~ Tre al giorno, dopo i pasti.

| Le prescrivo | delle capsule. |
| | uno sciroppo. |

| Quante ne devo prendere? |
| Quanto ne devo prendere? |

ESERCIZIO 5 CHE COSA TI HA ORDINATO IL MEDICO?

~ Che cosa ti ha ordinato il medico?
≈ Delle compresse.
~ Quante ne devi prendere?
≈ Due al giorno.

A₆

~ Paolo in questi giorni non sta bene.
≈ Si vede . . . ma come mai?
~ Non lo so, non mangia. Lo vorrei portare dal dottore . . . mi può consigliare un bravo pediatra?
≈ Mi dispiace, ma non conosco nessuno qui. Provi a chiedere in farmacia. Loro lo sanno senz'altro.

Hai qualcosa contro	la tosse? il mal di testa?
Mi può consigliare un bravo	pediatra? dentista?

No, purtroppo	non ho niente. non conosco nessuno.

ESERCIZIO 6   UNA MADRE PREOCCUPATA

Completate le frasi con „niente", „nessuno" e con le preposizioni, dove sono necessarie.

Mio figlio, da una settimana,
non vuole vedere . . .
non racconta . . .
non legge . . .

non si occupa . . .
non telefona . . .
e litiga con tutti.
Forse è malato.

ESERCIZIO 7   UNA RISPOSTA NEGATIVA

Completate le risposte.

Esempio: Le posso offrire un aperitivo?

– No, grazie, non prendo niente.

1. Conosce qualcuno in questa città?
2. Devo comprare qualcosa?
3. È venuto qualcuno stamattina?
4. Che cosa hai fatto domenica?
5. Avete incontrato qualcuno ieri sera?
6. È successo qualcosa?

– No, . . . (conoscere)
– No, grazie, . . . (avere bisogno)
– No, . . . (venire)
– . . . (fare)
– No, . . . (incontrare)
– No, . . . (succedere)

Addio, sigaretta!

~ Anche Lei è qui per smettere di fumare?

≈ Sì, ho sentito parlare di questo corso e mi sono detto: proviamo un po', forse è la volta buona.

~ Quante sigarette fuma al giorno?

≈ Eh, perlomeno 50. E Lei?

~ Adesso ne fumo 5. Ma anch'io sono stato schiavo delle sigarette per tanti anni: la prima al mattino appena sveglio, e l'ultima la sera a letto. Insomma due o tre pacchetti al giorno.

≈ E in quanto tempo è arrivato a 5?

~ In due mesi, ma spero di smettere del tutto.

≈ Accidenti! Però è un bel risultato! Io ho già provato un paio di volte da solo, ma senza successo.

~ Ci vuole volontà! Senza volontà questo corso non serve a niente.

≈ Io credo di avere abbastanza volontà, ma ho anche bisogno di aiuto. In gruppo è meglio: se gli altri hanno successo, perché non lo dovrei avere anch'io?

~ Giusto. Anch'io ho scelto i corsi della Lega perché qui si pratica la psico-terapia di gruppo. Ho sentito parlare anche di altri modi per smettere di fumare: l'agopuntura, l'ipnosi, il training autogeno, ma . . . non so . . . non mi danno molta fiducia.

≈ E come mai Lei ha deciso di smettere?

~ Prima di tutto per motivi di salute. Si sente continuamente ripetere che il fumo fa venire il cancro ai polmoni e poi ho dei bambini piccoli . . . C'è anche un motivo economico: due o tre pacchetti di sigarette al giorno, a fine mese, fanno un bel po' di soldi! E Lei, come mai è qui?

≈ Più o meno per gli stessi motivi, anche se io non ho figli. Nel mio gruppo di amici poi non fuma quasi più nessuno. Anche quando partecipo a incontri di affari, molte volte, sono l'unico ad accendere la sigaretta.

~ Eh sì, è una cosa che dà fastidio, soprattutto per come ti guardano . . .

≈ Proprio così. Fumare, oggi, è completamente fuori moda. Altro che simbolo di virilità e personalità come una volta!

ESERCIZIO 8 DIALOGO FRA AMICI

Francesco incontra il suo amico Pietro e gli racconta che non fuma quasi più. Pietro invece fuma ancora, e molto.

Take the role of Pietro and complete the dialogue.

F.: Lo sai che ho quasi smesso di fumare?

You want to know how he did it.

P.: _____

F.: Faccio un corso dove si pratica la terapia di gruppo.

You say that you have heard about that and other therapies, but ...

P.: _____

F.: Perché non provi anche tu? Forse è la volta buona.

You admit that you should give up smoking for many reasons ...

P.: _____

F.: Allora, andiamo insieme?

You say yes, but first you would like to smoke another cigarette!

P.: _____

ESERCIZIO 9 CHE COSA SIGNIFICA?

1. Tanto fumo e poco arrosto.

2. È solo fumo negli occhi.

3. Il progetto è andato in fumo.

4. Bacco, tabacco e Venere riducono l'uomo in cenere.

a) Abitudini che possono danneggiare la salute.
b) Molte parole, ma niente di concreto.
c) Far credere cose non vere.
d) Una cosa non si è realizzata.

ESERCIZIO 10   CHI SONO E DOVE SONO LE PERSONE?

Ascoltate i dialoghi e scegliete la risposta giusta.

a) Un paziente e la segretaria del medico in ambulatorio.
b) Due fumatori al corso.
c) Un farmacista e un cliente in farmacia.
d) Moglie e marito in casa.

ESERCIZIO 11   CHI È?

– Una persona che ha smesso di fumare, *oppure*
– una persona che ha bisogno d'amore,   *oppure*
– una persona che si è fatta male al dito.
– ...

Continuate.

ESERCIZIO 12   PER LA CONVERSAZIONE

1. Volete aiutare un amico a smettere di fumare: quali consigli gli date?
2. Avete mai provato, voi o un vostro amico, a smettere di fumare? Quali sono stati i risultati?
3. Se vi sentite sotto stress, che cosa fate?
4. Che cosa pensate delle cure dimagranti?

A₁

AFFITTASI

bella camera ammobiliata, zona centro, uso servizi, periodi brevi. L. 200.000 mensili.

~ Ecco, questa è la camera. Come vede è grande, ben arredata, ha un bel balcone ed è a due passi dal centro.
≈ Quant'è l'affitto al mese?
~ 200.000 lire, compreso riscaldamento, luce e acqua.
≈ Posso usare la cucina?
~ Naturalmente.
≈ Benissimo. È proprio una bella camera! La prendo.

È	proprio	una bella camera!
		un bell' appartamento!
Sono		delle belle tende!
		dei bei quadri!

ESERCIZIO 1   HO TROVATO CASA!

Fate delle frasi con i sostantivi e gli aggettivi.

camera – časa – servizi – cucina – via – strada

appartamento – villa – balcone – posto – zona

BELLO   BRUTTO   CARO   PICCOLO   GRANDE   PRATICO   AMMOBILIATO   CENTRALE
BELLA   BRUTTA   CARA   PICCOLA   PRATICA   AMMOBILIATA

RUMOROSO   COMODO   STRETTO   MODERNO   TRANQUILLO   ELEGANTE   VECCHIO
RUMOROSA   COMODA   STRETTA   MODERNA   TRANQUILLA   VECCHIA

Es.: Ho trovato una bella casa grande in una zona tranquilla.

A₂

~ La casa, come vede, è quasi
  finita. Ormai c'è tutto:
  finestre, porte, pavimenti;
  davanti e dietro è previsto il
  giardino . . .
≈ Possiamo vedere l'interno?
~ Ma certo, prego, venga!

primo piano

scale

pianterreno

cantina

A₃

~ Ecco, qui c'è la cucina, lì, a sinistra, il soggiorno
   con l'angolo pranzo...
≈ Quella porta là, in fondo, dove dà?
~ Sul giardino. Lì, a destra, poi c'è un bagno e
   sopra ci sono le camere da letto e un altro
   bagno.
≈ Bene, ma io avrei bisogno anche di uno studio.
~ Guardi, sotto, accanto alla cantina c'è una
   stanza. Lo potrebbe fare lì.

	il soggiorno		Là, in fondo.
	il bagno		Sopra, al primo piano.
Dov'è previsto	lo studio	?	Sotto, accanto alla cantina.
	il garage		Davanti alla casa.
	il giardino		Dietro la casa.

ESERCIZIO 2 CHE CONFUSIONE!

A casa nostra ci sono stati i ladri. Guardate come hanno lasciato la camera!
La lampada è nell'armadio, . . . *Continuate.*

(Usate le preposizioni su, sotto, in, dietro, davanti a)

A₄

TI ODIO CITTÀ

Aumenta il numero degli italiani che lasciano le città per andare a vivere in campagna. Chi sceglie la campagna ama la vita semplice: si alza all'alba e va a letto alle nove di sera. Non si interessa molto di politica perché tutti i partiti ormai sono uguali. Guarda la TV solo per sentire che cosa dicono quei ladri di Roma.

(Adattato da: l'Espresso 3. 10. 82)

ESERCIZIO 3   CHE O CHI?

Completate.

1. . . . cerca casa oggi, non sempre la trova.
2. Le persone . . . ti ho presentato ieri, desiderano rivederti.
3. Non trovo più il libro . . . mi hai prestato.
4. . . . preferisce la vita tranquilla, va a vivere in campagna.
5. Com'è l'appartamento . . . hai comprato?

ESERCIZIO 4   VIVERE IN CAMPAGNA

Avete idee diverse sulla vita in campagna.
Leggete i pro e i contro e poi fate il dialogo.

Pro

● In campagna c'è tranquillità
● la vita è semplice
● non c'è traffico, l'aria è pulita
● i prodotti sono genuini
   . . .

Contro

● Si vive lontano da tutti, anche dagli amici
● la sera non si può fare niente
● bisogna perdere molto tempo per andare a lavorare
● ci sono pochi negozi per fare la spesa
   . . .

ABITARE

A₅ DOVE VORRESTE ABITARE?

Vorrei comprarmi una casa in collina, possibilmente vicino ad Urbino, con una bella terrazza e un po' di terra intorno.

Vorrei abitare in città, in un quartiere vicino al centro. Così potrei uscire quando voglio, andare alle mostre, alle manifestazioni . . . Gli appartamenti, però, hanno dei prezzi incredibili!

Vorremmo comprarci un appartamento in periferia, lontano dai rumori della città. Ci piacerebbe in una zona comoda e con un po' di verde.

Dove vorrebbe / vorreste abitare **?**

Vorrei abitare vicino al centro.
Vorremmo comprarci un appartamento in periferia.
Ci piacerebbe avere una casa in campagna.

ESERCIZIO 5 LA CASA IDEALE

Che tipo di casa vorrebbe comprarsi?
E la sua famiglia?

ESERCIZIO 6 COMPLETATE

Completate le frasi con i verbi e i pronomi necessari.

Esempio: Ho deciso di comprarmi (comprarsi) una casa in montagna.

1. Se andate in montagna, dovete . . . (portarsi) un maglione.
2. È da molto tempo che non li vediamo. Proviamo a . . . (telefonare) stasera.
3. Se vuoi venire con noi, devi . . . (alzarsi) presto.
4. Rosanna ha già tanti dischi, ma vorrebbe . . . (avere) di più.
5. Oggi è il compleanno di Giancarlo e ci piacerebbe . . . (fare) un regalo.
6. Signorina, vorrei telefonare a Potenza, può . . . (dire) il prefisso?
7. Se venite anche voi al cinema, possiamo . . . (incontrarsi) in Piazza Dante alle 8.
8. Il pane non basta. Bisogna . . . (comprare) ancora un po'.

CRISI DEGLI ALLOGGI
E GIOVANI COPPIE

Sono una ragazza di 25 anni, insegnante, e in primavera dovrei sposarmi. Il mio problema è quello di tante giovani coppie e cioè la mancanza di un alloggio: non si trovano appartamenti in affitto e i pochi disponibili sono cari. Bisognerebbe comprare, ma all'inizio non si hanno molti soldi. I miei futuri suoceri hanno un appartamento abbastanza grande e sarebbero disposti a darci una stanza. Il mio ragazzo è d'accordo, io invece ho qualche dubbio.

Oggi non si	trova	facilmente un appartamento in centro.
	trovano	appartamenti in affitto.

ESERCIZIO 7 COME SI FA?

Cercate i verbi che mancano e completate.

Esempio: Se si hanno pochi soldi *si cerca* di risparmiare.

1. Se si hanno pochi soldi, . . . le vacanze a casa.
2. Se si abita in periferia, . . . la spesa al supermercato.
3. Se si è senza macchina, . . . i mezzi pubblici.
4. Se si preferisce la tranquillità, . . . in campagna.
5. Se si ama la buona cucina, . . . solo prodotti genuini.
6. Se si vuole vivere a lungo, . . . molta verdura.

MILANO, ECCEZIONALE VERAMENTE?

Commercianti, professionisti, scienziati, industriali, banchieri e finanzieri che lavorano 12–14 ore al giorno. Tram, autobus e metropolitane che funzionano. Teatri, conferenze, mostre d'arte, cinema, sfilate di moda, manifestazioni popolari. Questa è Milano per chi la guarda da lontano, ma chi abita in questa città dà giudizi più emotivi:
Brutta, sporca, trascurata, inefficiente. Per Camilla Cederna sembra una Teheran con qualche ayatollah in meno e qualche grattacielo in più. Bella, bellissima, pulita, efficiente, sicura, un misto di Stoccolma e di Bologna, polemizza Giorgio Bocca.

ROMA: CHI ARRIVA NON VA PIÙ VIA

Nella città eterna tutto è „più": l'inquinamento e il rumore, la povertà e la ricchezza, la speculazione e il divertimento.
Qui può succedere di tutto e si possono vedere cose incredibili ad ogni angolo di strada. In questa città non ti senti mai solo perché c'è sempre qualcuno, il giornalaio, il barista, che parla con te, ma nello stesso tempo sei libero di fare quello che vuoi perché Roma è veramente democratica: una città internazionale aperta a tutti e dove tutti si sentono come a casa loro. Chi arriva a Roma non va più via perché al mondo non esiste città più bella.

NAPOLI, POVERTÀ E RICCHEZZA

È una città in crisi che deve risolvere problemi vecchi e nuovi, ma è anche una città di grandi ricchezze uguali a quelle di Milano e Roma. Via Filangeri, via Cala-britto, via Chiaia sono il cuore di Napoli: qui signore eleganti entrano ed escono dai piccoli, raffinati negozi dove è possibile comprare le cose più esclusive. Ma dietro queste strade di lusso ecco i vicoli sporchi dove abitano i contrabbandieri, le prostitute e la gente che fa mille lavori per sopravvivere.
Questa è Napoli: una città dove povertà e ricchezza vivono accanto con indiffe-renza.

ESERCIZIO 8   QUAL È LA RISPOSTA GIUSTA?

Una sfilata di moda è
- a) un modo di mettersi in fila.
- b) una presentazione di vestiti.
- c) una fila di nuovi modelli di macchine.

Una manifestazione popolare è
- a) una riunione pubblica di persone.
- b) una mostra di lavori fatti a mano.
- c) una festa molto famosa.

Un grattacielo è
- a) una torre color grigio-blu.
- b) una grotta azzurra.
- c) una casa a molti piani.

La povertà è
- a) la mancanza di mezzi per vivere.
- b) un periodo della vita.
- c) una malattia.

Il giornalaio è
- a) una persona che scrive per un giornale.
- b) una persona che vende giornali.
- c) un negozio di giornali.

Un vicolo è
- a) un appartamento.
- b) una strada lunghissima.
- c) una piccola strada.

Una prostituta è
- a) una donna che protesta.
- b) una donna che vende amore.
- c) una donna che presta soldi.

Sopravvivere significa
- a) vivere in un grattacielo.
- b) vivere bene.
- c) continuare a vivere.

ESERCIZIO 9   LA VOSTRA OPINIONE

1. In quale delle tre città vi piacerebbe o non vi piacerebbe abitare e perché?
2. Se conoscete queste città o anche solo una di queste, qual è la vostra opinione? Siete d'accordo con quello che avete letto nel testo?
3. Nel testo c'è scritto ,,... si possono vedere cose incredibili ...''. Ne avete una cono-scenza diretta? Raccontate.
4. Ci sono delle città italiane che vi fanno pensare a città inglesi?

ESERCIZIO 10   LA VOSTRA CITTÀ

Fate una breve descrizione scritta della vostra città (architettura, vita culturale, caratteri-stiche, problemi, ecc.)

A₁

OVINDOLI

PISTE DI FONDO

NEVE SICURA DA DICEMBRE AD APRILE

SCUOLA DI SCI

OTTIME PISTE

SCIOVIE E SEGGIOVIE

POSSIBILITÀ DI ESCURSIONI

ALBERGHI APERTI TUTTO L'ANNO

OVINDOLI
21 km

TUTTI I COMFORTS

AUTOSTRADA DA ROMA 87 km

AVEZZANO uscita

MANIFESTAZIONI FOLCLORISTICHE

COMPETIZIONI SPORTIVE

ESERCIZIO 1   I DESIDERI DEI VACANZIERI

Completate con le forme di tutto *e l'articolo.*

I vacanzieri sono felici se . . . seggiovie funzionano, così possono andare dove vogliono, se . . . piste sono aperte, anche quelle nere, se c'è abbastanza neve per . . . tempo; se non devono mangiare nello stesso posto . . . giorni, se . . . sere possono fare qualcosa di diverso e se . . . gruppo va d'accordo.

A₂

~ Sei già stato al Parco Nazionale d'Abruzzo?
≈ Sì, ci sono stato l'anno scorso, in inverno. È molto bello.
~ Davvero? Io non ci sono mai stata.
≈ Potremmo andarci insieme quest'anno.

> Conosci
>   l'Abruzzo?
> Conosce

> No, non ci sono mai stato.
>
> Sì, ci sono stato l'anno scorso.

ESERCIZIO 2   È GIÀ STATO A PISA?

~ È già stato a Pisa?
≈ Sì, ci sono andato l'anno scorso.
~ Quanto tempo c'è rimasto?
≈ 2 settimane.

Continuate.

Dove	Quando	Quanto tempo
Pisa	l'anno scorso	2 settimane
Orvieto	l'estate scorsa	3 giorni
Umbria	due anni fa	un mese e mezzo
Roma	in settembre	un paio di giorni
Lago Trasimeno	mai	–
Sardegna	nel 1982	15 giorni

~ La discesa libera è eccezionale!
≈ Sì, però io preferisco il fondo. È più rilassante della discesa. E poi si è più a contatto con la natura.

Il fondo è	più rilassante / meno pericoloso	della discesa.

ESERCIZIO 3   IL CALCIO O IL BASKET?

Fate delle frasi con più o meno.

Es. Il calcio è più popolare del basket.

tennis   nuoto   jogging   pattinaggio   judo

golf   windsurf   marcia   sci   boxe

popolare
pericoloso
interessante
rilassante
facile
difficile
monotono
faticoso
brutale

TI SEI FATTA MALE?

SÌ, NON POSSO MUOVERE LA GAMBA. PER FAVORE VA' A CHIAMARE QUALCUNO.

A₄

~ Che cosa hai fatto durante le vacanze di Pasqua?
≈ Sono stata qualche giorno al lago di Garda.
~ Ah sì? E dove?
≈ A Gardone. Sai, mi sono anche iscritta a un corso di vela per quest'estate.

Che cosa hai fatto **durante le vacanze?** **quest'estate?**	Sono stato qualche giorno a sciare. Ho passato qualche settimana al mare.

ESERCIZIO 4   COME SI PASSA IL TEMPO IN VACANZA.

Completate con qualche e qualcuno.

Si fa . . . passeggiat _,
si va a trovare . . . che si conosce,
si visita . . . post_tipic _.
Poi si passa . . . or _ in discoteca
o si gioca a carte con . . .

E la temperatura riprende a diminuire

Nevicate sulle Alpi e sull'Appennino tosco-emiliano al di sopra dei 600 metri

Nebbia in Val Padana

MAR LIGURE

Pioggia sulle regioni centrali e sull'Adriatico centro-settentrionale

MAR ADRIATICO

Sereno o poco nuvoloso sulle regioni meridionali

MAR TIRRENO

MAR JONIO

Molto mossi i mari occidentali

ESERCIZIO 5 VERO O FALSO?

Che tempo fa in Italia?

	vero	falso
1. Nevica in Toscana ed Emilia al di sopra dei 600 metri.	☐	☐
2. Nebbia sull'Appennino.	☐	☐
3. Nuvoloso in Val Padana.	☐	☐
4. Molto mosso il mar Tirreno.	☐	☐
5. Sereno sulla Sicilia e la Calabria.	☐	☐
6. Piove sulle regioni meridionali.	☐	☐

A₆

LE PIACE LO SPORT?

... Le piace lo sport?

A me lo sport piace molto, soprattutto il nuoto. Però dove abito io non ci sono piscine. Così per mantenermi in forma faccio il jogging.

Lei fa dello sport?

Sì, un po'. La domenica vengo qui con lui a giocare a bocce. A volte, quando non fa freddo, andiamo anche in bicicletta.

... e tu?

Io faccio pattinaggio. Mi alleno tutti i giorni. Il mio sogno è di vincere il prossimo campionato.

Che sport preferite?

A me piace il tennis,
a lei piace il nuoto.

A noi piace lo sci.

ESERCIZIO 6   UNA PARTITA CON I PRONOMI

Completate le frasi con i pronomi al centrocampo.

1. Passo . . . verso le cinque, prima
   di andare a giocare a tennis.

2. Siamo andati . . . a fare la vela.

3. . . . il Giro d'Italia è la gara italiana
   più popolare.

da te
a noi
con loro
secondo lui
per me
senza di lei

4. . . . guardare le gare di sci
   piace tanto.

5. Oggi Lucia non c'è, dobbiamo
   giocare . . .

6. Giovanni fa il jogging.
   . . . aiuta a mantenersi in forma.

ESERCIZIO 7   SECONDO ME . . .

Dite la vostra opinione.

1. Per mantenersi in forma, bisogna andare in piscina ogni mattina.
2. Oggi fare dello sport è un lusso.
3. Lo sport è fatto per gli uomini e non per le donne.
4. Nello sport non esiste fantasia, esistono solo regole.

Il dopo-mondiale in Italia

UN SOGNO DI MEZZA ESTATE

Il trionfo di Madrid ha fatto impazzire di gioia gli italiani, ma il momento magico non è durato a lungo. Presto sono tornati i problemi di tutti i giorni: le tasse sempre più alte, i soldi che non bastano mai, l'inflazione che riprende e così via.

Ciclismo

UN „GIRO" DI MILIARDI

Il Giro d'Italia è un circo a due ruote che dal 1909 attraversa ogni anno l'Italia. Ancora oggi è una delle manifestazioni sportive più popolari del nostro paese. Costa miliardi, ma fa anche incassare miliardi.

Sport/perché si rischia tanto

COM'E' BELLO QUESTO SPORT! MI PIACE DA MORIRE

Le competizioni diventano sempre più pericolose e gli atleti pagano a volte con la vita. Ma sono soltanto vittime o anche colpevoli?

Sport/campioni in erba

VINCA IL MINORE

Li scelgono al di sotto dei dieci anni e li trasformano in macchine per vincere. Sono le aspettative dei genitori e i soldi degli sponsor che spingono questi ragazzini a cercare il successo.

Il boom dell'abbigliamento sportivo

VIVERE IN TUTA

Scarpe, tute, pantaloncini da basket, calzettoni da tennis: gli italiani sembrano diventati un esercito di atleti. Vestirsi in tuta non è più un'esclusiva dello sportivo in attività, ma è entrato nella vita di tutti i giorni.

ESERCIZIO 8 SPORT COME...

Ecco cinque titoli. A quali articoli e a quali fotografie si riferiscono?

SPORT COME MAGIA   SPORT COME MODA
SPORT COME PERICOLO
SPORT COME INDUSTRIA   SPORT COME TECNICA

ESERCIZIO 9   DOMANDE SUL TESTO

1. Che cosa è stato un sogno per gli italiani e perché?
2. Quale può essere a volte il prezzo della vittoria? Perché?
3. In che modo gli italiani, secondo il testo, sembrano un esercito di atleti?
4. Secondo voi, perché il Giro d'Italia è un circo a due ruote?
5. Come mai ci sono anche tanti bambini tra i campioni sportivi?

 ESERCIZIO 10   DI QUALE SPORT SI PARLA?

Ascoltate e dite di quale/quali sport si parla.

ESERCIZIO 11   CHE COSA DICE?

1. Lei ha due biglietti per la partita di calcio di domenica e vuole
   invitare una signorina che è nel Suo albergo. Cosa dice?
2. Che cosa chiede ad un Suo amico che è appena ritornato
   dalla montagna?
3. Alla spiaggia il Suo vicino legge le previsioni del tempo. Se
   anche per Lei sono interessanti, che cosa gli domanda?
4. A Lei non piace la boxe. Cosa dice ad un amico che La invita
   ad andare con lui a vedere un incontro di boxe?
5. Cosa risponde a un amico che Le chiede quali sono le possibilità di praticare dello sport in Inghilterra?

A₁

~ Senti, perché non andiamo in collina domenica?
C'è la festa dell'uva.
≈ Mah, non so . . . c'è sempre tanta gente!
~ Sì, però è meglio andare fuori che restare in casa tutto il giorno.
E poi potremmo comprare un po' di frutta e del vino.

| È meglio andare | in collina | che | restare in casa. |
| | a piedi | | in macchina. |

ESERCIZIO 1   PREFERENZE

È meglio partire subito che aspettare.
Il cinema mi piace di più della televisione.

Fate delle frasi come sopra.

1. andare al ristorante   –   fare da mangiare
2. stare in casa   –   andare fuori
3. la carne   –   il pesce
4. viaggiare di giorno   –   viaggiare di notte
5. la campagna   –   la città
6. alzarsi tardi   –   alzarsi presto
7. i musei   –   le gallerie d'arte moderna

A₂

~ Nonno! Chi sono quelli?
≈ Gli zampognari. Adesso si vedono solo per le strade, ma ai miei tempi, andavano anche di casa in casa, e tutti gli davano da mangiare e da bere.
Mi piaceva tanto sentirli suonare!

Ai miei tempi gli zampognari   andavano di casa in casa.

Adesso   si vedono solo per le strade.

ESERCIZIO 2   QUANDO ERO BAMBINO . . .

Come festeggiavate il Natale da bambini?

Guardate il disegno e raccontate.

I nonni venivano a casa nostra, il babbo preparava l'albero di Natale, la mamma . . .

ESERCIZIO 3   LE NONNE DI IERI

1. Come passavano la giornata?
2. Cosa facevano nel loro tempo libero?
3. Come vivevano? (da sole, con i figli, in case grandi, piccole ecc.)
4. Qual era il loro ruolo nella famiglia?

E le nonne di oggi?

A₃

Quando a Venezia
era sempre carnevale

La tradizione di far festa è antichissima
a Venezia. Lo sapevano i viaggiatori di un
tempo e lo sanno i turisti d'oggi. Il canale
era il centro dei festeggiamenti. Con cortei
di barche e di gondole si celebravano le
vittorie sui nemici, l'elezione del doge, l'arrivo
di ambasciatori e di re.
Oggi la rappresentazione continua. Con
le sue feste sull'acqua e il suo carnevale,
Venezia è ancora un palcoscenico per
il mondo.

LE FESTE IERI E OGGI

Non si può parlare di feste popolari senza guardare al passato, alla storia che c'è dietro quello che noi vediamo oggi. Prendiamo il carnevale: la sua storia è vecchia di secoli. I Romani celebravano il 17 dicembre il dio Saturno. In quel giorno il mondo era capovolto: gli schiavi avevano il diritto di mangiare con i padroni, le case erano aperte a tutti. Per le strade e per le piazze attori improvvisati rappresentavano gli spiriti dei morti: avevano il viso coperto da una maschera e portavano un abito bianco, il colore del lutto. L'anno moriva, così, in un clima di gioia misto ad angoscia.

Anche le feste religiose hanno origini molto antiche. I presepi viventi e le scene della passione di Cristo che noi oggi possiamo vedere in tante parti d'Italia, erano, durante il Medio Evo, la sola forma di teatro possibile.

Dietro le feste storiche c'è sempre una situazione o un personaggio del passato che si vuole fare rivivere. Ecco il ricordo che diventa realtà: Arezzo, grazie alla Giostra del Saracino, vince ogni anno la sua battaglia contro i pirati saraceni che portavano paura e morte lungo le coste dell'Italia. E Assisi, il primo maggio, fa un salto indietro nella storia e torna al Rinascimento; e festeggia come allora l'arrivo della primavera.

Ma quando si parla di feste non bisogna dimenticare le sagre paesane che sono un'occasione per ritrovarsi e divertirsi, e per far conoscere a chi viene da fuori i prodotti locali. Anche se hanno origini e tradizioni diverse, le sagre hanno molti elementi in comune: la gente che arriva dai paesi vicini per vedere e farsi vedere, le bancarelle dove si possono comprare tante cose, i tavoli all'aperto dove si mangia e si beve, le gare a premi, la banda, i fuochi artificiali e il ballo in piazza.

ESERCIZIO 4   CHE COSA È FALSO?

Some of the following statements do not correspond with the previous texts. Which ones?

In molte città d'Italia tante feste di oggi hanno una tradizione antica.
Già i Romani festeggiavano il carnevale.
Il 17 dicembre non era un giorno come gli altri: i padroni, per esempio, avevano il diritto di mangiare con gli schiavi e, per le strade, gli spiriti dei morti, vestiti di bianco, il colore della gioia, davano una rappresentazione come attori improvvisati. Non solo il carnevale, ma anche le feste religiose hanno una storia vecchia di secoli: i presepi viventi erano una delle tante forme di teatro del 1200. Ma veniamo ad oggi.
Ad Arezzo ogni anno c'è una giostra dove un Saracino vince la battaglia contro i Turchi.
Ad Assisi, in primavera, si festeggia il Rinascimento con una gara di salti. Molte poi sono le sagre in città, dove, in un clima di allegria, si provano i prodotti locali, si rivedono gli amici, si conosce gente nuova. Le banche sono aperte e vendono tante cose, c'è sempre una banda che organizza gare a premi e in piazza si balla intorno a fuochi artificiali.

ESERCIZIO 5   E ORA RACCONTATE VOI...

1. Certamente, quando siete stati in vacanza in Italia, avete visto qualche festa popolare: che tipo di festa era?
2. Avete visto anche qualche festa organizzata da partiti politici?
3. Avete notato qualche differenza fra le feste popolari italiane e quelle inglesi? È vero, come dice qualcuno, che l'allegria degli italiani, in queste occasioni, è più spontanea e naturale?
4. In Italia alle feste partecipano anche molti bambini e non solo di giorno, ma anche di sera. Cosa ne pensate?
5. Anche il carnevale è fra le grandi feste dell'anno. Come lo festeggiate voi? Vi piace mascherarvi?

The coloured boxes serve as an analysis of your text performance. Compare your answers with those at the back of the book and for each correct answer award yourself one point in the coloured boxes.

Question 1

Listen to the following sentences. Listen carefully to distinguish whether they are questions or statements. The first two examples are done for you.

	1.	2.	3.	4.	5.
Question	X				
Statement		X			

	6.	7.	8.	9.	10.
Question					
Statement					

Total: ☐

Question 2

You will hear two similar sounding words. Are they pronounced the same (=) or not (≠)? Tick the correct box.

	=	≠
1.		
2.		
3.		
4.		

	=	≠
5.		
6.		
7.		
8.		

Total: ☐

Question 3

You will hear four short dialogues with numbers. Tick the corresponding number below.

1. a) 1500 ☐
   b) 2500 ☐
   c) 2000 ☐

2. a) 02 ☐
   b) 06 ☐
   c) 060 ☐

3. a) 221166 ☐
   b) 22116 ☐
   c) 221176 ☐

4. a) 40.000 ☐
   b) 60.000 ☐
   c) 70.000 ☐

Total: ☐

Question 4

You will hear six different questions. Tick the correct answer. If none of the suggested answers are suitable, tick d).

1. a) Stai bene, grazie. ☐
   b) Sto bene, grazie. ☐
   c) Sta bene, grazie. ☐
   d) No answer fits. ☐ �

4. a) Sì, prendiamo il treno. ☐
   b) Sì, prende un succo di pompelmo. ☐
   c) Sì, prendiamo una pizza. ☐
   d) No answer fits. ☐ ▪

2. a) Sono a Napoli. ☐
   b) Sono di Napoli. ☐
   c) Abita a Napoli. ☐
   d) No answer fits. ☐ ▪

5. a) È all'hotel "Riviera". ☐
   b) Siamo alla pensione "Arena". ☐
   c) Siamo di qui. ☐
   d) No answer fits. ☐ ▪

3. a) Un momento, signore. ☐
   b) Ecco il numero del bar. ☐
   c) No, grazie, non ho sete. ☐
   d) No answer fits. ☐ ▪

6. a) È libera. ☐
   b) È vicino al centro. ☐
   c) È grande. ☐
   d) No answer fits. ☐ ▪

Total: ▭

Question 5

You will hear the telephone numbers of the people below. Write down the numbers alongside their names and addresses.

Mario Rossi
Via Emanuele Filiberto 33, Roma   Tel. _____   ▭

Michele Riboni
Corso Romita 15, Alessandria   Tel. _____   ▭

Giovanni Roncaldi
Corso Bolzano 6, Torino   Tel. _____   ▭

Carmine Rubiello
Via Pignatelli 27, Napoli   Tel. _____   ▭

Total: ▭

Question 6

Tick the correct word to complete the sentences.

1. . . . , signora Steni, come sta?

   Ciao ☐

   Buongiorno ☐

   Arrivederci ☐ ▨

2. Il signor Micheli è . . . Inghilterra per lavoro.

   di ☐

   a ☐

   in ☐ ▨

3. Prendiamo . . . aperitivo?

   un' ☐

   uno ☐

   un ☐ ▨

4. Hai il numero di telefono . . . signora Bruni?

   di ☐

   della ☐

   per ☐ ▨

5. . . . , un cappuccino per favore!

   Signor cameriere ☐

   Cameriere ☐

   Signore ☐ ▨

6. Siete . . .

   francese? ☐

   francesi? ☐

   straniero? ☐ ▨

Total: ☐

Question 7

You will hear a short passage twice: the first time at normal speed, the second time for dictation. Fill in the gaps.

_____ Globo ▨

Via Cavour 3

Bologna

Avete ancora _____ liberi a Riccione per il mese di _____? ▨ ▨

Siamo una _____ di quattro persone, due adulti e due bambini ▨

_____ un appartamento _____ grande, con ▨ ▨

garage, in un posto _____ , _____ al mare. ▨ ▨

Quanto costa al mese, _____ compreso? ▨

Grazie e Cordiali Saluti

_____ Neri ▨

Total: ☐

Question 1

You will hear six short dialogues in various situations. Write down the number of the dialogue next to where it is taking place.

All'edicola _____   [ ]

Al bar _____   [ ]

Al telefono _____   [ ]

In autobus _____   [ ]

Al supermercato _____   [ ]

In salumeria _____   [ ]   Total: [ ]

Question 2

You will hear six words. Mark the correct spelling. The first one is done for you.

	1	2	3	4	5	6
ce						
chi						
ghi						
ge	X					
sce						
gi						

[ ]
[ ]
[ ]

[ ]
[ ]

Total: [ ]

Question 3

You will hear a time given for each of the events below. Draw the appropriate time into each clock. The first one is done for you.

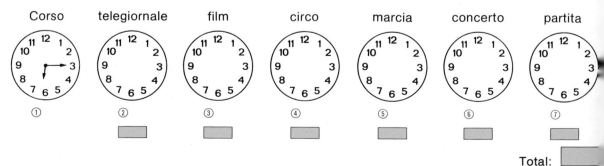

Corso   telegiornale   film   circo   marcia   concerto   partita

①   ②   ③   ④   ⑤   ⑥   ⑦

[ ]   [ ]   [ ]   [ ]   [ ]   [ ]

Total: [ ]

Question 4

You will hear six different questions. Tick the two possible replies for each one.

1. a) In casa ci sono tutti.
   b) Mancano gli spaghetti.
   c) Manca solo lo zucchero.

2. a) Sono stata a casa.
   b) Sono andato al cinema.
   c) Ho guardato la televisione.

3. a) Mi dispiace, non lo so.
   b) Sì, in via Mazzini.
   c) Sì, è lontano.

4. a) È di fronte al supermercato.
   b) Prego.
   c) È lì.

5. a) No, abita con una sua amica.
   b) Sì, perchè preferisce rimanere libera.
   c) Sì, abita con sua sorella.

6. a) Grazie, ma non posso.
   b) Grazie, ma prendo un taxi.
   c) Grazie, ma sono venuta in macchina.

Total:

Question 5

Complete the text with the passato prossimo form of the verb in brackets.

Un sabato diverso.

Oggi la signora Bianchi _____ (passare) un sabato diverso:

suo marito _____ (rimanere) a casa con i bambini e così lei

_____ (avere) un po' di tempo libero. _____ (andare)

in centro a piedi e _____ (fare) una bella passeggiata.

In Corso Vittorio Emanuele _____ (incontrare) la sua amica

Cristina e insieme _____ (guardare) un po' i negozi e poi

_____ (andare) a prendere qualcosa al bar.

Più tardi la signora Bianchi _____ (andare) alla Rinascente e

_____ (comprare) un disco di musica classica per suo marito. Poi

_____ (prendere) la Metropolitana e _____ (tornare)

a casa. Quando _____ (arrivare)

_____ (trovare) la cena già pronta.

Total:

Question 6

Complete these sentences with the appropriate words.

1. In piazza Garibaldi _____ il museo d'Arte Moderna.

2. Quanto _____ le banane al kg?

3. Non sono _____ alla tua festa perché ho dovuto accompagnare mia moglie all'ospedale.

4. In centro i prezzi _____ appartamenti sono molto alti.

5. Franca adesso abita con _____ amica Teresa.

6. Ingegnere, _____ telefono verso le 7.

Total:

Question 7

Read the following text.

Lo sai?

Lo sai che gli alberghi famosi sono quasi sempre grandi, cari, e che tu sei solo un numero, la stanza[1] 320? In un albergo piccolo non sei un numero, però ti mancano tante cose[2]: non sempre c'è il telefono in camera, la segretaria parla solo l'italiano, la cucina non è come vuoi tu. Ma non è sempre così. Se cerchi il comfort del grande albergo, ma desideri anche le attenzioni che hai nel piccolo albergo, devi venire al Bellotel. Qui non sei un numero e trovi camerieri gentili, la segretaria che parla anche inglese e la cucina che preferisci.

[1] Room   [2] Things

Read the text again and tick whether the following statements are true or false.

	Vero	Falso	
1. Gli alberghi famosi sono sempre piccoli.			
2. In un grande albergo diventi un numero.			
3. Anche in un albergo piccolo diventi un numero.			
4. I camerieri del Bellotel sono gentili.			
5. Al Bellotel mangi bene.			
6. Il Bellotel ha 320 camere.			
7. Al Bellotel la segretaria non parla solo l'italiano.			

Total:

Question 1

You will hear six Italian sentences. Tick the corresponding English sentence.

1. a) Will you come tomorrow at 0? I will wait for you!
   b) Come tomorrow at 8! I will wait for you!

2. a) Would you like a coffee or a cappuccino?
   b) Take either a coffee or a cappuccino.

3. a) Write me a card.
   b) Please write me a card.

4. a) I do not like driving the car in town.
   b) I do not like driving the car to town.

5. a) Where is Robert going on holiday this year?
   b) Where are you going on holiday this year, Robert?

6. a) I have been in Rome for two days.
   b) I will be in Rome in two days.

Total:

Question 2

You will hear four short dialogues. After each dialogue read the question and tick the answer which you think fits.

1. La Signora Rossi parla con la Signora Chiari?
   a) Sì.
   b) No, perché la Signora Chiari non è in casa.
   c) No, perché la Signora Rossi ha fatto un altro numero.

2. Anna va a casa di Carla stasera?
   a) Sì.
   b) No, perché Carla va al cinema con il suo ragazzo.
   c) No, perché Carla ha invitato Gigi a cena.

3. Perché telefona la signora?
   a) Perché vuole andare in tassì in via Verdi.
   b) Perché fra tre minuti deve essere dalla signora Viola.
   c) Perché ha bisogno di un tassì.

4. Dove deve girare la signora?
   a) Al secondo semaforo.
   b) Al primo semaforo.
   c) Non deve girare.

Total:

Question 3

You will hear six sentences. Listen carefully to each sentence and to the intonation of each speaker and work out what feelings are being expressed.

1. a) Indifference ☐   b) Regret ☐

2. a) Surprise ☐   b) Anger ☐

3. a) Sympathy ☐   b) Disappointment ☐

4. a) Pleasure ☐   b) Indifference ☐

5. a) Horror ☐   b) Amazement ☐

6. a) Anger ☐   b) Indifference ☐

Total: ☐

Question 4

Tick the words which fill the gaps correctly.

1. I Rossi sono andati in montagna con . . . figlio.
    a) i loro ☐
    b) loro ☐
    c) il loro ☐

2. Ragazzi, come . . . in Inghilterra?
    a) ti trovi ☐
    b) vi trovate ☐
    c) si trovano ☐

3. Stasera faccio i petti di pollo al vino bianco. Mio marito . . . mangia molto volentieri.
    a) lo ☐
    b) le ☐
    c) li ☐

4. Se sei nervoso e stanco, . . . con noi.
    a) venga ☐
    b) vieni ☐
    c) viene ☐

5. Andrea, puoi andare . . . signora Ravera?
    a) dalla ☐
    b) alla ☐
    c) da ☐

6. Non vedo Piero da due giorni. Stasera . . . telefono.
    a) lo ☐
    b) gli ☐
    c) le ☐   Total: ☐

Question 5

Tick the correct word.

La mattina a casa di ☐ / da ☐ Gigi ☐

La sveglia suona dalle ☐ / alle ☐ sei. ☐

Gigi preferisce restare ancora un po' a ☐ / in ☐ letto. ☐

e continua di ☐ / a ☐ dormire, ma dopo dieci minuti ☐

si alza, va a ☐ / in ☐ bagno e si lava. Fa colazione ☐

con sua moglie e poi va nell' ☐ / in ☐ ufficio ☐

a ☐ / in ☐ piedi. ☐   Total: ☐

Question 6

Read the following text.

Le città d'Italia – Modena

Dove trovarsi?

Come in quasi tutta l'Italia, anche a Modena il bar rimane il posto ideale per gli incontri. In questa città c'è molta vita notturna[1], i locali chiudono tardissimo ed è quasi impossibile[2] andare a dormire prima delle tre del mattino. E questo perché qui ci sono moltissimi studenti. Il bar Diana è il bar più „in" del momento, dove, se vuoi essere veramente alla moda, devi andare la sera. Ma chi preferisce bere una buona birra si incontra alla birreria[3] S. Paolo, la classica birreria dove a tutte le ore servono panini caldi. I giovanissimi vanno all'Osteria[4] del Teatro, dove i panini sono buonissimi, e dove, senza spendere troppo, si può avere anche una cena completa. Il bar Piccadilly invece è il locale riservato agli innamorati[5] che cercano un' atmosfera romantica. Naturalmente è sempre pieno di gente.

1 nightlife; 2 impossible; 3 pub; 4 wine bar; 5 reserved for couples.

Read the text again and tick whether the following statements are true or false.

	vero	falso	
Solo a Modena il bar è il posto ideale per gli incontri.	☐	☐	☐
I locali a Modena non chiudono presto.	☐	☐	☐
Gli studenti preferiscono andare a letto presto.	☐	☐	☐
Per essere alla moda devi andare al bar Diana al mattino.	☐	☐	☐
Alla birreria S. Paolo è possibile mangiare qualcosa.	☐	☐	☐
Una cena completa all'Osteria del Teatro non costa molto.	☐	☐	☐
Al bar Piccadilly c'è sempre poca gente.	☐	☐	☐	Total: ☐

Question 1

You will hear five questions. Tick the correct answer.

1. a) Regalale un quadro.

   b) A lui non regalerei niente.

   c) Perché non le regali un libro?

2. a) No, non fumo mai.

   b) Grazie, ma ne ho già fumate troppe.

   c) Non mi fare fumare troppo.

3. a) Mi dispiace, ma non posso venire perché ho un forte mal di gola.

   b) Accidenti! Proprio stasera ho già un appuntamento.

   c) Ti ringrazio per l'invito, allora ci vediamo domani.

4. a) A Roma penso che ci vivrei volentieri.

   b) Le piacerebbe abitare a Roma.

   c) Abiterei volentieri a Roma.

5. a) Sì, non si portano più.

   b) No, si portano ancora.

   c) Sì, le portano tutte.

Total:

Question 2

You will hear a short passage twice. The first time at normal speed and the second as dictation. Fill in the gaps.

Siamo nel Medioevo. Il vescovo[1] _____ Johannes Fugger fa un

_____ in Italia per provare i vini di _____ paese. Il viaggio è

_____. Per non perdere tempo, il vescovo manda avanti una persona

al suo _____. Ogni volta che il servitore[2] trova un buon vino

deve _____ la parola latina „est"[3] sulla porta dell'osteria.

Il servitore _____ gli ordini[4] del vescovo fino a quando,

un _____ non arriva a Montefiascone, nel Lazio. Qui beve un vino

_____ e questa volta scrive sulla porta dell'osteria „est – est – est".

_____ il vescovo arriva a Montefiascone, prova questo vino

e lo trova _____, e ne beve tanto e tanto che ... alla fine muore.

_____
1 bishop; 2 waiter; 3 is; 4 orders

Total:

Question 3

Tick the correct answer.

1. Ti piace la carne cruda?

    ~ Non lo so. Non l'ho mai (mangiato ☐, mangiata ☐, mangiate ☐) ▭

2. Scusi, (potresti ☐, potrebbe ☐, potrei ☐) telefonarmi alle 8? ▭

3. Chi hai incontrato in centro?

    ~ Non ho incontrato (mai ☐, niente ☐, nessuno ☐) ▭

4. Le sigarette (comprano ☐, si comprano ☐, si compra ☐) anche al supermercato. ▭

5. Cosa ti ha detto il dottore?

    ~ (Non sono ancora stato. ☐ ▭
       Non sono ancora stato lì. ☐
       Non ci sono ancora stato. ☐)

                                                                          Total: ▭

Question 4

Read the text below.

Nei giorni di ferragosto[1] ci sono anche delle persone che restano in città. Per loro in quei giorni la vita non è certo facile. Se l'ascensore[2] improvvisamente non funziona, si corre il rischio[3] di rimanerci chiusi per molte ore, perché nel palazzo non c'è nessuno e anche il portiere[4] è al mare. I giornali tutti i giorni portano l'elenco[5] dei negozi aperti, ma per andare a fare la spesa bisogna fare lunghi giri. Non parliamo poi della benzina: trovare un distributore aperto è una vera fortuna. E chi vuole andare a mangiare al ristorante deve fare la coda come dal dottore, perché i pochi locali aperti sono pieni di gente. In quel periodo si desidera il ritorno alla vita normale, ma quando riaprono il salumiere e il distributore sotto casa, vediamo che purtroppo in città ci sono di nuovo due milioni di persone.

1 mid August holiday; 2 lift; 3 run the risk; 4 caretaker; 5 list

Read the text again and tick whether the following statements are true or false.

	Vero	Falso	
1. Molta gente resta in città a ferragosto.	☐	☐	▭
2. In quei giorni la vita è comoda.	☐	☐	▭
3. Anche il portiere è andato in vacanza.	☐	☐	▭
4. Per sapere quali sono i negozi aperti, bisogna leggere i giornali.	☐	☐	▭
5. Molti distributori sono chiusi.	☐	☐	▭
6. Nei ristoranti non c'è molta gente.	☐	☐	▭
7. Chi è rimasto in città, è contento di veder ritornare due milioni di persone.	☐	☐	▭

                                                                          Total: ▭

LEZIONE **1**

1 The Verbs *essere, chiamarsi, stare* in the Present Tense (Singular)

		essere		to be
io	I		Sono	Rita.	I am Rita.
tu	you	Chi	sei?		Who are you?
lui	he	Chi	è		Who is it?
lei	she				
Lei	you	Chi	è	Lei?	Who are you?

In Italian the verb is usually used without the subject pronoun (*io, tu,* etc.).
When talking to someone you do not know and when you are being polite you use the 3rd person singular form the verb, e.g. *Lei è?*

	chiamarsi		to be called		stare		to be (in the sense of how you are, also to stay)
Come	Mi chiamo	Rita.	My name is Rita.		Sto	bene.	I am fine.
Come	ti chiami?		What is your name?	Come	stai?		How are you?
	si chiama?		What is his/her name?	Come	sta?		How is he/she?
			What is your name? (polite)				How are you? (polite)

Note:
Chiamarsi is a reflexive verb. Reflexive verbs will be dealt with later on in this section.

2 Use of the Subject Pronoun

1. Chi è Roberto?	–	(Sono) **io**.	It is **me**.
Come ti chiami?	– Antonella, e	**tu**?	..., and **you**?
Come si chiama?	– Carlo Neri, e	**Lei**?	..., and **you**? (polite)

2.		
Io mi chiamo Paolo, e **tu**?	I am called Paul, and **you**?
Lui si chiama Mario,	**He** is called Mario,
e **lei** si chiama Rita.	and **she** is called Rita.
È **Lei** il signor Pugi?	Are **you** Mr Pugi?

In Italian subject pronouns are always stressed.
They are used:
1. without the verb;
2. for stress and emphasis, otherwise they are omitted.

3 The Definite Article in the Singular (I)

In Italian there are two grammatical genders, masculine and feminine.

Masculine			Feminine		
il	signore	the man	la	signora	the lady
il	libro	the book	la	sera	the evening

The definite article in the singular has the forms:
– *il* for masculine,
– *la* for feminine.
(Further forms will be met later.)

Note the following uses:

È	il	signor Rodari?	Is that	Mr Rodari?
È Lei	la	signorina Lega?	Are you	Miss Lega?
No, sono	la	signora Spiga.	No, I am	Mrs Spiga.

Buongiorno,		signora (Spiga).	Good morning,	Mrs Spiga.
Come sta,		signor Rodari?	How are you,	Mr Rodari?

The definite article stands before *signor/signora/signorina* unless a person is being addressed.

Note:

○ *Signore* is shortened to *signor* in front of a name.

○ Women are often just addressed as *signorina* or *signora*: *Buongiorno, signora*.

LEZIONE 2

4 Prepositions of Place: *di, a, in*

1.	Paolo è	di	Bologna.	from Bologna			
	Sue è	di	Oxford.				

2. Adesso Sue è	a	Bologna.	in Bologna	Sue è	in	Italia.
Paolo abita	a	Ravenna.		Ravenna è	in	Emilia-Romagna.

1. If you want to say the town or place you come from, use the preposition *di*.
2. If you want to say where you are or where something is:
    – before names of towns and places use *a*.
    – before names of countries and regions use *in*.

5 Verbs in the Present Tense ending in -are (Singular)

	lavorare		abitare		studiare
io		**Lavoro** in banca.		**Abito** a Roma.	**Studio**.
tu	Dove	**lavori?**	Dove	**abiti?**	Che cosa **studi?**
lui/lei/Lei	Dove	**lavora?**		**Abita** qui?	Che cosa **studia?**

Note:

o Some verbs ending in -are (e.g. *abitare, telefonare*) have their emphasis on the third from last syllable, e.g. *telefono, telefoni, telefona*, in the present tense.

o With -are verbs that have -i before the infinitive ending (e.g. *studiare*) the unstressed -i coincides with the normal -i of the second person singular, e.g. *studi* (**NOT** *studii*).

6 The Present Tense of the Verb *fare* (Singular)

io		**Faccio**	il caffè.
tu	Che cosa	**fai**	qui?
lui/lei/Lei	Che cosa	**fa**	a Urbino?

7 Nouns and Adjectives (I)

1. Nouns

Masc.	il post**o** il tren**o** il signor**e**
Fem.	la signor**a** la class**e** la banc**a**

Almost all nouns ending in -o are masculine.
Almost all nouns ending in -a are feminine.
Nouns ending in -e can be feminine or masculine.

2. Adjectives

Adjectives of nationality do not begin with a capital letter in Italian:
Roberto è italiano. Robert is Italian.

Masc.	Daniele: Sono **italiano**.
Fem.	Maria: Sono **italiana**.

È liber**o** quest**o** posto? – No, è occupat**o**.
È liber**a** quest**a** sedia? – No, è occupat**a**.

There are adjectives which have different endings for masculine and feminine:
-o for masculine and -a for feminine. These adjectives are always dependent upon the person or noun which they qualify.

Masc.	Peter: Sono	**inglese**.
Fem.	Mary: Sono	

There are some adjectives which for both masculine and feminine have only one form. Most of these adjectives end in -e.

8 The Definite Article (II)

Masculine	Feminine
l' italiano	l' architettura
l' hotel	

The definite article before vowels and an *h* takes the form *l'*.

Note the following use of the article:

Sono qui per imparare	l'	italiano.	I am here		to learn Italian.
Carlo impara	il	tedesco.	Carlo		is learning German.

9 Statements and Questions

1. Statements and Questions without the Interrogative

Subject	Verb	Adjective	Intonation	
Bruno	è	tedesco.		Statement
Bruno	è	tedesco?		Question
	È	tedesco	**Bruno?**	

The question sentence without an interrogative is understood by the intonation placed on the last word of the sentence.
Note that the sentence structure may be the same as for the statement; or it can be inverted, e.g. *È tedesco Bruno?*

Note:

È libero questo posto?
Is this seat vacant?

2. Questions with the Interrogative

Chi è Lei?	who?		
Che cosa fa qui Rita?	what?		
Dove abita?	where?	**Di dov'**è Maria?	from where?
Come si chiama la signora?	how?	**Come mai** è qui?	how come?

In question sentences with an interrogative the word order is usually – question word – verb – subject. The subject can also come before the question word: *Maria di dov'è?*

Note:
Dove becomes *dov'* before *è*: *Dov'è Paolo?*

LEZIONE **3**

10 Verbs in the Present Tense ending in -ere and -ire (Singular)

Compare:

	-ere	-ire		-are
	prendere	sentire	preferire	lavorare
io	prendo	sento	preferisco [-isko]	lavoro
tu	prendi	senti	preferisci [-iʃʃi]	lavori
lui/lei/Lei	prende	sente	preferisce [-iʃʃe]	lavora

There are two types of verbs ending in -ire
– the first type is like *sentire*;
– the second type is like *preferire*.
In the present tense of the second group -isc is added before the ending.
(Note the pronunciation of *sc* before -o and -i, -e.)

11 The Present Tense of the Verb in the First Person Plural

noi we	Prend**iamo**	qualcosa?
	And**iamo**	in questo bar?
	Prefer**iamo**	stare fuori.
	St**iamo**	qui fuori?

In the first person plural of the present tense all verbs have the ending -*iamo*.

Note:
○ *Fare* has the irregular form *facciamo*: *Che cosa facciamo?*
○ *Essere* has the irregular form *siamo*: *Siamo al bar Mazzini.*

12 The Indefinite Article

	Masculine			Feminine	
Io prendo	**un**	caffè	e	**una**	pasta.
Io	un	amaro	e	**un'**	acqua minerale.
E io	**uno**	stravecchio.			

1. The **masculine** indefinite is *un*.
    With words beginning with *s* and a consonant (e.g. *st, sc*) or a *z*, the article becomes *uno*: *uno stravecchio, uno zero*.
2. The **feminine** indefinite article is *una*.
    Before words beginning with a vowel *una* becomes *un'* (with an apostrophe): *un'aranciata*.

13 Cardinal Numbers (1)

0	zero	10	dieci	20	venti	1000	mille
1	uno	11	undici		. . .	2000	due**mila**
2	due	12	dodici	50	cinquanta	3000	tremila
3	tre	13	tredici		. . .	5650	cinquemila-
4	quattro	14	quattordici				seicentocinquanta
5	cinque	15	quindici	100	cento		
6	sei	16	sedici	200	duecento		
7	sette	17	diciassette	300	trecento		
8	otto	18	diciotto	450	quattrocento-		
9	nove	19	diciannove		cinquanta		

Cardinal numbers are masculine: *un due*.
Uno is a number as well being an indefinite article (see Section 12).

14 The Noun: Singular and Plural

	Singular	Plural
1.	un lett**o**	due lett**i**
	un mes**e**	due mes**i**
	una nott**e**	due nott**i**
2.	una camer**a**	60 camer**e**

1. Nouns which end in -*o* or -*e* in the singular, end in -*i* in the plural.
2. Feminine nouns which end in -*a* in the singular, end in -*e* in the plural.

(You will meet exceptions later.)

15 Cardinal Numbers (II)

20	venti	30	trenta	40	quaranta	240	duecentoquaranta
21	**vent**uno	31	**trent**uno	50	cinquanta	999	novecentonovantanove
22	ventidue	32	trentadue	60	sessanta	16.000	sedicimila
23	ventitré	33	trentatré	70	settanta	21.000	**ventun**mila
24	ventiquattro	34	trentaquattro	80	ottanta	25.500	venticinquemila-
25	venticinque	35	trentacinque	90	novanta		cinquecento
26	ventisei	36	trentasei	101	centouno		
27	ventisette	37	trentasette	102	centodue		un milione
28	**vent**otto	38	**trent**otto	103	centotré		due milion**i**
29	ventinove	39	trentanove	108	centootto		

Ventuno, trentuno, etc. drop the final vowel before combining with *uno* or *otto*, if a further number or noun follows: ventunmila, ventun minuti – but: *ventuno studenti*.
A noun following *milione* must be separated by the preposition *di*: *due milioni di lire*.

16 The Present Tense of the Verbs *avere* and *essere*

	avere	
io	Ho	sete.
tu	Hai	la chiave?
lui/lei/Lei	Ha	un documento?
noi	Abbiamo	solo una camera singola.
voi	Avete	tempo stasera?
loro	Hanno	tre bambini.

		essere	
		Sono	Paolo.
		Sei	in vacanza?
		È	inglese?
		Siamo	al bar.
Dove		siete?	
Rita e Mario		sono	a Roma.

	Avete siete?	tempo stasera?	Do you have . . . ?
Dove			Where are you?

When talking to more than one person use the second person plural. Also when addressing a business (e.g. hotel): *Avete una camera singola?*

17 The Negative (I)

	non	Verb	
L'albergo è caro? – No,	non	è	caro.	No, it is **not** expensive.
La doccia	non	funziona.		. . . does not work.
La camera	non	mi	piace.	I do not like . . .
	Non	abbiamo	tempo.	We have **no** time.

In the negative *non* stands before the verb.
Object pronouns (*mi*, *ti*) stand between *non* and the verb.

18 The Prepositions *di* and *a* with the Definite Article (Singular)

Qual è il numero	di	Franca?
	del	signor Croce?
	della	pensione Rosa?
	dell'	agenzia Ferri?

Siamo	a	Venezia.
Andiamo	al	ristorante.
	alla	pensione Rosa.
	all'	albergo Arena.

The prepositions *di* and *a* combine with the definite article to become one word:

di	il	la	l'
	del	della	dell'

a	il	la	l'
	al	alla	all'

		With a Verb			With a Noun
Masculine	L'albergo	è bello.			
		È ideale	per un	soggiorno tranquillo.	
Feminine	La pensione	è bella.			
		È ideale	per una	vacanza tranquilla.	

1. The adjective stands either with the verb or with the word it qualifies. Adjectives in both cases must agree with the gender of the noun they qualify.
2. In Italian the adjective usually follows the noun.

Note:

> Ti piace la cucina **italiana/francese/spagnola/inglese**?
> Avete una camera **singola/doppia/matrimoniale/libera**?

Descriptive adjectives (e.g. of nationality) generally follow the noun.

Note:
Some adjectives (e.g. *grande*) can also precede the noun.
(To be dealt with later.)

Perhaps you would also like to know ...

nel centro storico – in centro:
Nel is the combination of *in* with the definite article *il*.
- With many places and times the preposition *in* usually stands without the article: *in centro, in treno, in vacanza, in banca, in agosto*.
- When these statements are qualified or want to be more precise, the definite article is used: *nel centro storico, nel centro di Gubbio*.

per l'Inghilterra – in Inghilterra:
Names of countries usually take the article with the exception of when they follow the preposition *in*.
(To be dealt with later.)

la chiesa **di** S. Francesco	una camera **a** due letti	60 posti letto
il mese **di** agosto	la camera **da** letto	un divano letto
un succo **di** pompelmo	la sala **da** pranzo	

Two nouns are usually combined by *di* and sometimes *a* or *da*.

Che numero? – Quale appartamento? – Qual è ... ?
- With *che* ...? what kind ...? when asking about people and things generally.
- With *quale*? which ...? when asking about a definite number of people and things; *quale* before *è* is shortened to *qual*.

20 Places and Directions

Abito **qui**.	Andiamo **qui**?	here
Abito **lì**.	**lì**?	there
Via Verdi è **a destra**.	**a destra**?	(to the) right

Siamo **da** Gianni.	Andiamo **da** Gina.	at the house of

Siamo **in** Italia.	Andiamo **in** Italia.	in, to
in centro.	**in** centro.	in, to
in via Dante.	**in** piazza Diaz.	in, at, to

Siamo **a** Roma.	Andiamo **a** Milano.	in, to
al mare.	**alla** stazione.	at, to
all'albergo.	**all'**albergo.	at, to

L'hotel è **vicino al** centro.		near
accanto all'edicola.		next to
di fronte al cinema.		opposite
	Andiamo **fino a** piazza Amore.	up to
	fino alla stazione.	

Qual è la strada **per** Gubbio?	to, for
C'è un autobus **per** il centro?	(destination)
Per piazza Diaz	
dove devo scendere?	

21 *C'è* and *Dov'è . . . ?*

Scusi,	c'è	una banca qui vicino? Is there…?
		– Sì, in via Verdi.
Scusi,	c'è	un tram o un autobus per il centro?
		– Sì, c'è il tram, il 19.

Dov'	è	la fermata?
La fermata	è	in piazza Dante.
Dov'	è	il parcheggio?
–	(È)	qui a destra.

When you want to know whether something exists, you ask: *C'è?*

When you want to know where something is, ask: *Dov'è . . . ?*

Note:
C'è can only be followed by a singular noun.

Qui, a destra,	c'è	un parcheggio.
Lì	c'è	l'Ente per il Turismo.
A Roma	c'è	il Colosseo.

Places are referred to by *c'è . . .* there is . . .

22 Ordinal Numbers 1°–5°

1° il primo	2° il secondo	3° il terzo	4° il quarto	5° il quinto
1ª la prima	2ª la seconda	3ª la terza	4ª la quarta	5ª la quinta

Ordinal numbers depend upon the word they qualify: *la terza strada a destra*
They usually precede the noun.

23 The Present Tense in the Second Person Plural

	-are	-ere	-ire
	andare	prendere	preferire
voi ihr/Sie	and**ate**	prend**ete**	prefer**ite**

All verbs in the second person plural of the present tense are formed as shown in the table.
Irregular form: *essere – siete.*

Note:
When giving directions you can use the second person plural as an imperative: *Continuate.* Carry on.

Dunque ... ora	prendete / prende	questa strada	Now take this ...
e	andate / va	fino a ...	go up to ...

(The imperative form will be dealt with later.)

24 Sentences with the Infinitive

Non vorrei	uscire.	Andiamo	**a**	vedere il castello?
Dove devo	scendere?	Mario va	**a**	lavorare.
Rita desidera	uscire.	Ho voglia	**di**	uscire.
Paolo preferisce	stare a casa.	Non ho tempo	**di**	venire.
Mi piace	leggere.	È in Italia	**per**	imparare l'italiano.

There are verbs and expressions which the infinitive follows:
directly, e.g. *volere (vorrei), dovere, desiderare, preferire, piacere*
after a preposition, e.g. *andare a ..., avere voglia/tempo di ...*

Perhaps you would also like to know ...

Alla gente piace ... :

The noun *gente* is used as a singular noun.
With a preposition it becomes an indirect object:
Alla gente piace ... People like ...   (To be dealt with later.)

25 Quantities with *di*

Per 4 persone:		
4 fettine	**di**	vitello
50 grammi	**di**	burro
1 bicchiere	**di**	marsala
...		
e un po'	**di**	sale

After nouns which describe a measure or amount, e.g.
grammo   chilo   pacco
etto   litro   bicchiere
and after *un po'* the following noun is preceded by the preposition *di*.

Note:

○ Half a kilo corresponds to *mezzo chilo* (without the article):
   *Mi dia **mezzo chilo di** ciliegie.* Give me half a kilo of cherries.
○ 100 grams is *un etto:*
   *Mi dia **due etti e mezzo** di prosciutto.* ... 250 grams of ham.

26 The Definite Article (III) Singular and Plural

Masculine		Feminine	
Singular	Plural	Singular	Plural
il bicchiere	**i** bicchieri	**la** pizza	**le** pizze
lo scontrino	**gli sc**ontrini		
lo zucchino	**gli z**ucchini		
l' antipasto	**gli** antipasti	**l'** oliva	**le** olive

1. The **masculine** definite article is:
   – in the singular *il* and in the plural *i*;
   – in the singular *lo* and in the plural *gli*, when *s*+consonant or *z* follows;
   – in the singular *l'* and in the plural *gli*, when a vowel or an *h* follows.
2. The **feminine** definite article is:
   – in the singular *la* and in the plural *le*;
   – in the singular *l'* and in the plural *le* if a vowel or an *h* follows.

Note the following use of the article:

C'è	il	sale?	Is	there any salt?
Mi piace	il	vino.	I like	wine.
	La	birra non mi piace.		I do not like beer.
Mangi volentieri	gli	spaghetti?	Do you like to	eat spaghetti?

Che cosa c'è in casa?	C'è	il pane?	Is there ...	– Sì, (il pane) c'è.
	Ci sono	i pomodori?	Are there ...	– No, non ci sono.
Scusi,	c'è	Paolo?		– No, (Paolo) non c'è.
	ci sono	Rita e Paolo?		– Sì, ci sono.
Andiamo in centro? – Sì,	c'è	un concerto.	There is ...	
No,	ci sono	solo turisti.	There are ...	

Esserci means there is/are. In the present tense:
– 3rd person singular *c'è*;
– 3rd person plural *ci sono*.

Note:

In casa	c'è	solo un po' di pane.		There is	*c'è*
In centro	ci sono	due ristoranti.		There are	*ci sono*
A Roma	ci sono	molti musei.			

28 The Present Tense in the Third Person Plural

	-are	-ere	-ire	
	lavorare	prendere	sentire	preferire
io	lavoro	prendo	sento	preferisco [-isko]
tu	lavori	prendi	senti	preferisci [-iʃʃi]
lui/lei/Lei	lavora	prende	sente	preferisce [-iʃʃe]
noi	lavoriamo	prendiamo	sentiamo	preferiamo
voi	lavorate	prendete	sentite	preferite
loro	lavor**ano**	prend**ono**	sent**ono**	preferi**sc**ono [-iskono]

In the 3rd person plural the pronunciation is the same as for the singular:
lavoro – lavorano, telefono – telefonano.
With verbs like *preferire*, *-isc-* recurs in the 3rd person plural
e.g. *preferiscono*.

Irregular Verbs

andare	stare	fare	dire	piacere	venire	
vado	sto	faccio	dico		vengo	
vai	stai	fai	dici		vieni	Compare the
va	sta	fa	dice	mi piace	viene	forms of
andiamo	stiamo	facciamo	diciamo		veniamo	*avere* and
andate	state	fate	dite		venite	*essere* (see
vanno	stanno	fanno	dicono	mi piacciono	vengono	Section 16).

29 The Preposition *da* with the Definite Article (Singular)

Sono	da	Roberto.
Vado	dal	macellaio.
Andiamo	dalla	signora Neri.

da	il	lo	la	l'
	dal	dallo	dalla	dall'

30 The Adjective (III) Singular and Plural

		Singular			Plural		
Masc. Fem.	1.	Il caffè La cucina	italiano italiana	è buono. è buona.	I vini Le arance	italiani italiane	sono buoni. sono buone.
Masc. Fem.	2.	Il tè La cucina	inglese	è buono. è buona?	I crackers Le caramelle	inglesi	sono buoni. sono buone.

Adjectives must agree in gender and number with the noun(s) they qualify.
1. Adjectives which in the singular end in *-o* and *-a* have a masculine plural form *-i*, and a feminine plural form *-e*.
2. Adjectives which in the singular end in *-e* have a masculine and feminine plural ending *-i*.

Note:
○ If there are two different genders in the plural, the masculine plural form is used: *Le olive e i carciofini sono cari.*
○ Adverbs never change: *La carne è **molto** cara.*

31 Comparison: the Absolute Superlative

Il prosciutto è	molto buono.	È	buon**issimo**.
La pizza è	molto buona.	È	buon**issima**.
I fagiolini sono	molto buoni.	Sono	buon**issimi**.
Le scaloppine sono	molto buone.	Sono	buon**issime**.

The absolute superlative has no equivalent in English. It is best translated by very/enormously/extremely + adjective. (There is no comparison.)

The absolute superlative is formed by adding *-issimo* (*-a*, *-i*, *-e*) on to the stem of the adjective in place of the final vowel.

grande	bello	fresco	caro
grand**issimo**	bell**issimo**	fresch**issimo**	car**issimo**
very big	wonderful	very fresh	very expensive

Perhaps you would also like to know ...

funghi – tedeschi – prodotti freschi – freschissimo: Many nouns and adjectives ending in *-co* and *-go* have an *h* before the plural ending or *-issimo*.

32 The *Passato Prossimo* (I)

The *passato prossimo* is a past tense.
It is formed with the present tense of *avere* or *essere* followed by the past participle of the verb.

1. The *passato prossimo* with *avere*

Oggi	ho	lavorato	molto.
Dove	hai	mangiato?	
Non	ha	avuto	tempo.
Ieri	abbiamo	sentito	un concerto.
Non	avete	trovato	la chiave?
Molti	hanno	visitato	la mostra.

Most verbs form the *passato prossimo* with *avere* as the auxiliary verb.

Non goes before the auxiliary verb, the rest of the sentence follows the past participle.

2. The *passato prossimo* with *essere* (singular)

Masculine				Feminine			
Carlo, dove	sei	stato	ieri?	Rita, dove	sei	stata	ieri?
–	Sono andato		a Pisa.	–	Sono andata		a Pisa.
Paolo	è	nato	nel 1960.	Nel 1935	è	nata	la televisione.
A Pisa	c'è	stato	un congresso.	Nel 1980	c'è	stata	la Mostra dei Medici.

Some verbs form the *passato prossimo* with the auxiliary *essere*.
In these cases the past participle behaves as an adjective after the subject.

Note:
Many verbs of motion take *essere* as do all reflexive verbs.
(To be dealt with later.)

3. Formation of the Past Participle

	-are	-ere	-ire
Infinitive	andare	avere	preferire
Participle	and**ato**	av**uto**	prefer**ito**

Regular verbs form the past participle as is shown in the table.
Note: *conoscere – conosciuto*

Irregular Verbs (see Section 38)

Infinitive	dire	essere/stare	fare	leggere	mettere	nascere
Participle	detto	stato	fatto	letto	messo	nato

Infinitive	prendere	rispondere	scrivere	succedere	vedere	venire
Participle	preso	risposto	scritto	successo	visto	venuto

33 The Preposition *di* with the Definite Article (Plural)

la Mostra	dei	Medici
la protesta	degli	studenti
la città	delle	donne

di	i	gli	le
	dei	degli	delle

34 The Year, the Months and the Date

1. The Year

	Il 1979	è stato l'anno del bambino.	(the year) 1979
Sono nato	nel 1955.	(millenovecentocinquantacinque)	(in the year) 1955

The definite article is used with the year.
(*Nel* is the combination of *in* and the definite article.)

Note:
Age is expressed by *avere . . . anni*:
Ho 30 anni (trent'anni).   I am 30.

2. Months and the Date

	Agosto ha 31 giorni.		Oggi è	il	3 ottobre 1983.
In	agosto siamo al mare.		Rita è nata	il	20 ottobre (del) 1950.
Nel mese di	agosto siamo a Roma.		Io sono nato	il	1° ottobre.

Months do not usually take an article.
The date takes the definite article and the cardinal number except for: *il 1° (il primo)*

35 Possessive Pronouns (I) – Possessive Adjectives

'Possessor'	'Possession': Masculine				Feminine		
io		Dov'è	il mio	passaporto?	Dov'è	la mia	borsa? bag
tu		Dov'è	il tuo	passaporto?	Dov'è	la tua	borsa?
lui	Paolo⎱	cerca	il suo	passaporto.	Paolo⎱ cerca	la sua	borsa.
lei	Rita⎰				Rita⎰		
Lei		Dov'è	il Suo	passaporto?	Dov'è	la Sua	borsa?

Like other adjectives the possessives agree in number and gender with the noun they qualify, not as in English with the possessor to which they refer. Unlike English, possessives are normally preceded in Italian by the definite article.
(Exceptions like *mio marito*, *mia moglie*, will be dealt with later.)

Note:
In the 3rd person singular no distinction is made between masculine and feminine possessors:
il suo passaporto his/her passport.

36 *molto, tanto, troppo, poco*

As an Adverb (unchangeable)			As an Adjective (changeable)		
Viaggio	molto.		Non ha	molt**o**	tempo.
Rita è	molto	simpatica.	Conosce	molt**a**	gente.
Roma mi piace	tanto.		Ha	tant**i**	amici.
Le ciliegie sono	troppo	care.	Fuma	tropp**e**	sigarette.
Mangia	troppo	poco.	Mangia	poc**a**	frutta.

37 Impersonal Expressions with the Infinitive

Bisogna	risparmiare.	È difficile	trovare lavoro oggi.
Basta	mangiare poco.	È bello	avere una famiglia.
Mi piace	leggere.	È triste	non avere amici.

Impersonal expressions with the infinitive do not take a preposition.

38 The Verb *Rimanere*

rimango	rimaniamo	sono rimasto/rimasta
rimani	rimanete	
rimane	rimangono	

39 Nouns with Masculine and Feminine Counterparts

1. Masculine and Feminine Nouns that have different Forms

Many nouns/names have a feminine form ending in *-a*.

un ragazzo	una ragazz**a**	un signore	una signor**a**	but:
un commesso	una commess**a**	un cameriere	una camerier**a**	Nicola Nicholas
Roberto	Robert**a**	Daniele	Daniel**a**	Andrea Andrew

Note:

- A group of feminine nouns end in *-trice* or *-essa*:
  *un attore – un'at**trice**, un autore – un'au**trice**; uno studente – una student**essa**.*
- In some cases the masculine and feminine forms are quite different: *un uomo – una donna.*

2. Masculine and Feminine Nouns that have the same Form

A group of these (mainly ending in *-ista*, *-ante*, *-ente*) are used in both masculine and feminine:

un/una turista	tourist m/f	un/una rappresentante	salesman/saleswoman
un/una collega	colleague m/f	un/una cliente	customer m/f

40 Plural Forms (summary)

	-i		-e		–
il libro	i libri	la casa	le case	la città	le città
la chiave	le chiavi			un caffè	due caffè
il programma	i programmi			il film	i film
il regista	i registi	la regista	le registe	il bar	i bar

Note:

○ Nouns which end with a sounded vowel or a consonant do not change in the plural: *le città*, *le possibilità*, *i film*, *i bar*.
Also *cinema, auto, foto*: *i cinema, le auto, le foto*.

○ For most nouns and adjectives in the singular ending in *-co/ca -go/ga*, the plural ending has an *h*.

il pacco	*l'amica*	*tedesco*	*tedesca*	*l'albergo*	*la collega*
i pacchi	*le amiche*	*tedeschi*	*tedesche*	*gli alberghi*	*le colleghe*

Nearly all the exceptions to this belong to nouns and adjectives ending in *-ico*:

l'amico   *simpatico*
gli amici   *simpatici*

LEZIONE	**8**

41 The Time (I)

Che ora è?	(1.00)	È l'una.	(10.00)	Sono le dieci.
Che ore sono?	(13.00)		(10.10)	le dieci **e** dieci.
			(10.15)	le dieci e un quarto. Viertel
	(8.00)	Sono le otto.	(10.30)	le dieci e mezzo/mezza.
	(20.00)		(10.35)	le dieci e trentacinque.
			(10.40)	Sono le undici **meno** venti.
	(12.00)	È mezzogiorno.	(10.45)	le undici meno un quarto.
	(24.00)	È mezzanotte.	(10.55)	le undici meno cinque.
			(11.00)	le undici.
A che ora?	(14.00)	Alle due.	(11.00)	Alle undici.
	(12.00)	A mezzogiorno.	(8.15)	Alle otto e un quarto.

The Definite Article is used when telling the time:
Sono   **le** (ore)   *due venti (minuti).*   2.20
Vengo alle   *due e mezzo/mezza.*   2.30

42 Days of the Week

Oggi è	domenica.	Sunday	La	domenica mi piace uscire.	Sundays
Veniamo	sabato.	on Saturday	Il	sabato vado a pescare.	Saturdays

Days of the week do not usually take an article.
Days are not preceded by a definite article, except to express a habitual action.
The preposition 'on' is never translated.

43 The Verbs *potere, volere, dovere*

potere	volere	dovere
posso	voglio	devo
puoi	vuoi	devi
può	vuole	deve
possiamo	vogliamo	dobbiamo
potete	volete	dovete
possono	vogliono	devono
potuto	voluto	dovuto

Note:

o Instead of *voglio* for I want, *vorrei* is often used:
  Vorrei un caffè.   I would like a coffee.

o *Dovere* means 'must' and 'should':
  Devo andare alla stazione. I must go to the station.
  Quando devo venire?   When should I come?

o *Potere* means 'can' and 'may':
  Può venire domani?   Can you come tomorrow?
  Posso telefonare?   May I ... ?

44 The *Passato Prossimo* with *essere* (II)

Here are the plural forms.

	Singular		Plural
Fem.	Maria, come mai		Ragazze, come mai
	non sei **venuta** ieri?		non siete **venute** ieri?
	– Sono **andata** a una festa.		– Siamo **andate** a una festa.
	– È **arrivata** la mia amica.		– Sono **arrivate** Maria e Rita.
Masc.	Paolo, come mai		Ragazzi, come mai
	non sei **venuto** ieri?		non siete **venuti** ieri?
	– Sono **andato** a una festa.		– Siamo **andati** a una festa.
	– È **arrivato** il mio amico.		– Sono **arrivati** Paolo e Franca.

The past participle with *essere* must agree with the number and gender of the subject.

Note:
When there are mixed genders the masculine agreement is always used in the plural:
Laura e Franco: Siamo tornati stanchi.
Marito e moglie: Siamo stati molto contenti della Sua visita.

45 Possessive Pronouns (II) – L'aggettivo possessivo

Sabato viene	la	mia	amica.	my girlfriend
Lunedì viene	una	mia	amica.	one of my girlfriends
Carlo viene con	un	suo	collega.	

Possessives are used with the definite and indefinite article.

Note the following use:
a casa mia   at my house;
a casa nostra   at our house;
a casa Sua   at your house.

46 Prepositions of Place: *da*

Partenza	da	Piazza Grande.	place from where you start
Sono appena tornata	da	Parigi.	where you have just come from
	dall'	ufficio.	

Da dove torni? –	Dalla	nonna.	person you have (just) come from
Dove sei? –	Da	Roberto.	who you are with (at person's house)
Dove vai? –	Dal	signor Croce.	who you are going to see.

47 The Object Pronouns *mi*, *ti*, *Le*, *La*

	Mi	presenti la tua amica?	to me		Non	mi	accompagni?	me
Roberto,	ti	presento Claudia.	to you		Chi	ti	ha accompagnato?	you
Signor Pugi, Signora,	**Le**	presento il mio amico.	to you			**La**	posso accompagnare?	you

Object pronouns stand before the conjugated verb.
The negative *non* stands before the pronoun and the verb.

Note: *Le*   to you (m + f) indirect object;
          La   you   (m + f) direct object.

| Signor Pugi, Signora, | Le | telefono domani. | | | La | ringrazio per l'invito. |

48 Reflexive Verbs

1. Present

io		mi	lavo
tu	non	ti	lavi?
lui/lei/Lei		si	lava
noi		ci	laviamo
voi		vi	lavate
loro		si	lavano

Infinitive	lavarsi

Reflexive verbs have the object pronouns *mi, ti, si, ci, vi*.

Reflexive pronouns depend on the subject:
Mario si lava. M. is washing himself.
Luisa si fa un caffè. L. makes herself a coffee.

Pronouns stand before the conjugated verb. *Non* stands before this group.
In the infinitive, the pronoun is added on to the end: *lavare – lavarsi, vedere – vedersi*.

2. Passato Prossimo

	Mi	sono	svegliato /	svegliata	alle 6.
Quando	ti	sei	alzato /	alzata?	
Non	si	è	fermato /	fermata	qui?
	Ci	siamo	abituati /	abituate	al clima.
Come	vi	siete	trovati /	trovate	a Torino?
Non	si	sono	sentiti /	sentite	bene.

The *passato prossimo* of all reflexive verbs is formed with *essere*.
The past participle is dependent upon the gender and number of the subject.

Note:
Most reflexive verbs can also be used as non-reflexive (sometimes changing meaning) and therefore form the *passato prossimo* with *avere*.

Laura **si è svegliata** alle 7,   ... awakened
  poi **ha svegliato** i bambini.   ... woke up

49 Times of Day

La mattina	mi alzo presto e vado a lavorare.	mornings
Il pomeriggio	mi occupo dei bambini.	afternoons
La sera	vado fuori con gli amici.	evenings

Domani mattina	devo andare a Milano.	tomorrow morning
Sabato sera	vengono i Picone.	on Saturday evening

Mattina, pomeriggio, sera:
- take the definite article when expressing a habitual action (see Section 42);
- do not take the article if an adverb of time (*domani, ieri*) or the name of a weekday is present in the clause.

Note the following usage:
tamattina this morning   *stasera* this evening   *nel pomeriggio* in the afternoon.

Masc. Singular		Masc. Plural		Fem. Singular		Fem. Plural	
il mio	amico	i **miei**	amici	la mia	amica	le mie	amiche
il tuo	bambino	i **tuoi**	...	la tua	lettera	le tue	...
il suo	libro	i **suoi**		la sua	macchina	le sue	
il nostro	cane	i nostri		la nostra	...	le nostre	
il vostro	...	i vostri		la vostra		le vostre	
il loro		i loro		la loro		le loro	

1. Possessives are dependent upon the gender and number of the word they qualify. Only *loro* remains unchanged: *Vengono le mie amiche con i loro bambini.*
2. In the polite form use
   – for one person, *Suo: la Sua lettera your letter*;
   – for more than one, *vostro: la vostra, Vostra lettera.*
3. Possessives usually take the definite article. Note the following irregularities:

	Singular			Plural	
Vengo con		mio marito?	Sono arrivati	i	miei parenti di Pisa.
Come sta		Sua madre?	Come stanno	i	Suoi genitori?
Dove sta		tuo fratello?	Che fanno	i	tuoi fratelli?
Questa è		nostra figlia.	Queste sono	le	nostre figlie.
I Pugi vengono con	il	loro figlio.	I Pugi vengono con	i	loro figli.

Marito, moglie and relatives in the singular do not take an article with the possessive adjective (except *loro*).
Exceptions are:
– familiar: *il mio papà/babbo, la mia mamma*;
– with a suffix: *il tuo fratellino* little brother (modified by suffix);
– when the possessive adjective does not directly precede the noun but is separated from it by another adjective: *il mio caro fratello.*

51 Irregular Verbs: Pronunciation and Spelling

cercare		pagare			conoscere		leggere	
cerco	[-ko]	pago	[-go]	*Also:*	conosco	[-sko]	leggo	[-ggo]
cer**chi**	[-ki]	pa**ghi**	[-gi]	giocare	conosci	[-iʃʃi]	leggi	[ddʒi]
cerca		paga		litigare	conosce		legge	
cer**chi**amo		pa**ghi**amo			conosciamo		leggiamo	
cercate		pagate			conoscete		leggete	
cercano		pagano			conoscono	[-skono]	leggono	[-ggono]

1. With *-are* verbs with c or g before the ending, the pronunciation of c [k] and g [k] is sounded. An h is written before the *-i* and *-iamo* endings.
2. With *-ere* and *-ire* verbs which have c, sc or g before the ending, the pronunciation is stressed on the following vowel. (See Section 28).

Prendi tu **il pacco?**	–	Sì,	**lo** prendo io.	it/him
Conosci **la signora Croce?**	– No, non		**la** conosco.	her
Quando vedi **i Rossi?**	–		**Li** vedo stasera.	them *plur. masc.*
Prepari tu **le scaloppine?**	–	No,	**le** prepara Anna.	them *plur. fem.*

The pronouns *lo, la, li, le*, replace the direct object in the sentence and must agree with its gender and number.

Note:
- *lo* can be used for a thing as in: *Dov'è – Non lo so.*
- *lo* and *la* take an apostrophe before a vowel or an *h*:
  *Chi accompagna Rita? – **L'**accompagno io.*
  *Hai visto Giancarlo? – Sì, **l'**ho visto ieri.*

53 Prepositions of Place

1. Use without the Article

a scuola	at/to school	in città	in/to town
a letto	in/to bed	in campagna	in/to the country
a casa	home/at home	in casa	in/to the house
a teatro	at/to the theatre	in ufficio	in/to the office
but: al cinema	at/to the cinema	in banca	in/to the bank
al mercato	at/to the market	in panetteria	in/to the baker's

2. andare a ... / venire a ...

Chi	va	a prendere gli zii?	**andare** a prendere	fetch (go)
– Li	vado	a prendere io.		
Quando mi	vieni	a prendere?	**venire** a prendere	fetch (come)
– Ti	vengo	a prendere alle 8.		

	Vado	a trovare un amico.	**andare** a trovare	visit (go)
Quando mi	vieni	a trovare?	**venire** a trovare	visit (come)

54 The Imperative

	-are		-ere		-ire		
	cominciare		prendere		dormire		finire
tu	Comincia!	start!	Prendi	un taxi!	Dormi!		Finisci presto!
voi	Cominciate!	start!	Prendete	un taxi!	Dormite!		Finite presto!
noi	Cominciamo!	let's start!	Prendiamo un taxi!		Dormiamo!		Finiamo presto!

The imperative form of the 2nd person singular/plural and the 1st person plural are identical with the present tense forms with one exception:
The imperative of the 2nd person singular with verbs ending in -*are* ends in -*a*.
Perché non cominci? Comincia! Begin!

Irregular Verbs

	andare		stare	fare	dire
tu	**vai or va'**	go!	stai/sta'	fai/fa'	di'
voi	**andate!**	go!	state	fate	dite
noi	**andiamo!**	let's go!	stiamo	facciamo	diciamo

The Negative Imperative

tu	**Non fumare** tanto!	Don't smoke so much!
voi	Non fumate tanto!	Don't smoke so much!

The negative imperative in the 2nd person singular is expressed by *non* + infinitive.

55 The Prepositions *in* and *a* with the Definite Article (singular + plural)

Venite	nel	Lazio.	Hai scritto	al	nonno?
Non lasciare rifiuti	nei	prati!	Sei già stato	ai	Musei Vaticani?
Sei già stato	negli	USA?		agli	Uffizi di Firenze?
C'è il riscaldamento	nelle	camere?		alle	Isole Tremiti?

	il	lo	la	l'	i	gli	le
in	nel	nello	nella	nell'	nei	negli	nelle
a	al	allo	alla	all'	ai	agli	alle

Feminine			Masculine		
Qual è il prefisso per	l'	Italia?	Qual è il prefisso per	il	Belgio?
Conoscete	la	Puglia?	Conoscete	il	Lazio?
La sua famiglia viene	dalla	Calabria.	La sua famiglia viene	dal	Friuli.
Palermo è il capoluogo	della	Sicilia.	Qual è il capoluogo	del	Molise?
capital					– Campobasso.

The definite article is usually used with names of countries and regions, it is also combined with prepositions.

Note the following irregularities:

Singular:	Siamo	**in**	Italia,		Venite	nel	Lazio.
		in	Toscana.				
Plural:	Venite	nelle	Marche.		Quando sei andato	negli	Stati Uniti?

For feminine countries the preposition *in* is all that is required.

Note:
The article is usually dropped with some masculine names, e.g.
Piemonte, Belgio, Canada, Giappone: in Piemonte.
If qualified by an adjective the definite article is always used:
nell' *Italia del sud* in southern Italy.
In front of the names of small islands use the preposition *a*:
a *Ischia,* **a** *Capri,* **all'***Isola d'Elba* – but **in** *Sardegna/Sicilia/Corsica.*

7 Prepositions of Time: *fra, fa, da*

Quando arrivi? –	**Fra**	15 giorni.		in	
Sono arrivato		15 giorni.	**fa.**	ago	} 14 days
Sono qui	**da**	15 giorni.		since	

Note:
quindici giorni fortnight   quanto (tempo)? how long?
tre mesi   3 months   sei mesi   6 months

8 The *Passato Prossimo* of *piacere*

Vi	è piaciuta	la Puglia?		Ti	sono piaciute	le grotte?
Sì, ci	è piaciuta	molto.		No, non mi	sono piaciute.	

The verb *piacere* takes *essere* in the *passato prossimo.*
The past participle agrees with the subject.

Also:
costare: Quanto è costato?   cambiare: I tempi **sono** cambiati.
bastare: Mi è bastato.   (to change)

59 The Plural of the Indefinite Article

C'è	una	spiaggia bellissima.	There is a beautiful beach.
Ci sono	delle	spiagge bellissime.	There are some beautiful beaches.

60 The Direct and Indirect Object

1. The Direct and Indirect Object with *a*

Verb	Direct Object	Indirect Object	
Ho visto	Mario.		Who?
Scrivo	una cartolina.		What?
Scrivo	una cartolina	a Donatella.	Whom?
Hai telefonato		ai nonni?	

The direct object stands after the verb.
The indirect object is combined with the preposition *a*.
It usually stands after the direct object.

2. The Indirect Object Pronouns *gli* and *le*

Che cosa hai comprato	a Francesco?	–	Gli	ho comprato un disco.	him
	alla nonna?	–	Le	ho comprato un dolce.	her

Che cosa hai scritto	ai nonni?	–	Gli	ho scritto che tutto va bene.	them
	alle tue sorelle?				

The indirect object pronouns *gli* and *le* stand for the indirect personal pronoun with the
preposition *a*.

3. Direct and Indirect Object Pronouns (summary)

		Direct Object Pronouns				Indirect Object Pronouns		
Singular	non	mi	accompagni?	me	non	mi	scrivi?	me
		ti	accompagno	you		ti	scrivo	you
		lo	conosco	him		gli	scrivo	him
		la	conosco	her		le	scrivo	her
		La	conosco	you		Le	scrivo	you
Plural	non	ci	accompagni?	us	non	ci	scrivi?	us
		vi	accompagno	you		vi	scrivo	you
		li	conosco	them (m)		gli	scrivo	them
		le	conosco	them (f)				

These object pronouns can only be used in close connection with the verb to which they relate.

1 Time (II)

> Sono le (ore) 12.30. (dodici e trenta) C'è il diretto delle 20.45. (venti e quarantacinque)
> C'è un rapido alle 13.15. (tredici e quindici)

Official times (radio, timetables) use the 24 hour clock. (See Section 41.)

2 Comparison: Comparative and Relative Superlative

	Comparative		Relative Superlative			
Va in macchina? – No, vado in treno. È e	più meno	sicuro caro.	È il e	mezzo	più meno	sicuro caro	per viaggiare.
Lucca è bella. Ma Siena e Firenze sono	più	belle.	Sono le	città	più	belle	della Toscana.
Lisa e Rita sono carine. Ma Laura è	più	simpatica.	È la		più	simpatica	di tutte.

The comparative of superiority is expressed by *più* and the comparative of inferiority is expressed by *meno*:

più sicuro   more sure   *più caro*   more expensive
meno sicuro less sure   *meno caro* cheaper

The relative superlative is the highest degree of comparison. It is formed by placing the definite article before *piu* or *menu*.

3 The Verbs *dare*, *salire*, *scegliere*

do	diamo	salgo	saliamo	scelgo	scegliamo
dai	date	sali	salite	scegli	scegliete
dà	danno	sale	salgono	sceglie	scelgono

dato	salito	scelto

4 The Preposition *su* with the Definite Article

Salgono	sul	treno.
	sull'	autobus.
	sulla	macchina.
Traffico intenso	sulle	autostrade.

Note:
You now know all the prepositions which combine with the definite article:
a, da, di, in, su. (See table on p. 204)

G

65 The Imperative (II)

	-are	-ere	-ire	
	aspettare	prendere	sentire	finire
Lei	Aspetti! Wait! Non mi aspetti!	Prenda un taxi!	Senta!	Finisca presto!

For verbs ending in *-are* the 3rd person singular of the imperative ends in *-i*.
For verbs ending in *-ere* and *-ire* the 3rd person singular of the imperative ends in *-a*.
Compare with the imperative of the 2nd person singular (see Section 54).

Note:
For verbs ending in *-care* or *-gare*, *h* is added in the imperative:
cercare: Cerchi di dormire.
For verbs ending in *-cere* or *-gere* the pronunciation after the vowel is:
leggere [ddʒ]: *Legga.* [gga]

Irregular Verbs:
○ *dare: Mi dia una birra.* Give me ...
○ *stare: Stia tranquillo.* Be calm.
○

	andare	dire	fare	rimanere	salire	scegliere	venire
Present (io)	vado	dico	faccio	rimango	salgo	scelgo	vengo
Imperative (Lei)	vada	dica	faccia	rimanga	salga	scelga	venga

LEZIONE 12

66 The *si-* Construction

Da Mario e	si mangia si spende	bene poco.	One eats ...

The impersonal subject 'one' is expressed by *si* + verb in the 3rd person.

67 The Verbs *bere* and *sapere*

bevo	beviamo	
bevi	bevete	bevuto
beve	bevono	

so	sappiamo	
sai	sapete	saputo
sa	sanno	

	Indefinite Article			Partitive Article		
Singular	Abbiamo comprato	un	pollo.	Abbiamo mangiato	del	pollo.
Plural	Abbiamo comprato	dei	polli.			

The plural of the indefinite article (see Section 59) and partitive article is formed in combination with *di* + the definite article.

1. The indefinite article differentiates between one and several items:
   *Ho comprato **un** pollo.* I bought a chicken.
   *Ho comprato **dei** polli.* I bought some chickens.
2. The partitive article describes an indefinite amount:
   *Ho mangiato **del** pollo.* I have eaten some chicken.
   *Ci porti **della** frutta.* Bring (us) some fruit.

Note:
The partitive article is often used like *un po'*:
Ci porti del pane/un po' di pane. ... some bread

59 Object Pronouns with *ecco*

Il passaporto, prego. –	Eccolo.
Hai trovato la chiave? – Sì,	eccola.
Dove sono i biglietti? –	Eccoli.
E le chiavi? –	Eccole.

Object pronouns are added to *ecco* as shown.
The pronunciation does not change.

70 Further Meanings of the Preposition *da*

Ho pagato con due banconote/biglietti **da** 50.000 lire. of Vorrei provare la gonna **da** 40.000 lire che è in vetrina.	value
Abiti **da** uomo e **da** donna a prezzi favolosi! male/female clothing Che cosa hai comprato? – Una borsa **da** viaggio. travel bag	intended purpose

Differentiate:
*un abito **da** sera* (intended for ...)
*un abito **di** lana* (consisting of ...)
*un abito **a** righe* (with ...)

1.	una camicetta	bian**ca**	2.	una camicetta	blu
	un paio di pantaloni	grig**i**		dei pantaloni	marrone
	un paio di calze	verd**i**		due paia di calze	verde scuro

In Italian there are
1. changeable colour adjectives:
   bianco, rosso, giallo, azzurro, nero, verde, grigio, celeste;
2. unchangeable colour adjectives:
   – *blu, beige, turchese, arancione* (plural *arancioni*);
   – *marrone, rosa, lilla, viola* and other colour adjectives used as nouns;
   – combinations with *scuro* and *chiaro* and others such as *celeste pastello, verde bottiglia*, etc.

72 *Questo* and *Quello*

1. Forms

	Masc. Singular	Plural	Fem. Singular	Plural
As a Pronoun	questo this these quello that those	questi quelli	questa quella	queste quelle
As an Adjective	questo vestiti quest' abito quel vestito quello scialle quell' abito	questi vestiti questi abiti quei vestiti quegli scialli quegli abiti	questa gonna quest' idea quella gonna quell' idea	queste gonne queste idee quelle gonne quelle idee

The adjective *quello* obeys the same rules as the definite article. (See Section 26.)

2. Use

As a Pronoun	È	questa quella	la tua macchina? lì.	this here that there
	– No, è			

As an Adjective	Come mi stanno	questi pantaloni?		these
	Vorrei provare	quei pantaloni	che sono in vetrina.	those

Questo is used of things or people comparatively near to the speaker.
Quello is used of things or people comparatively further away.

Note:
- For comparisons one uses first *questo* then *quello*:
  Queste *(scarpe) sono comode, ma* **quelle** *sono più belle.*
- When you do not wish to repeat a previously mentioned noun use *quello*: *Ti piace questo* **maglione**? *– Sì, ma* **quello rosso** *ti sta meglio.*

3 Object Pronouns with the Imperative

	Questo libro è proprio bello!		
Lei	Perché non lo compra?	**Lo** compri!	Buy it!
tu	lo compri?	Compra**lo**!	Buy it!
voi	lo comprate?	Comprate**lo**!	Buy it!
noi	lo compriamo?	Compriamo**lo**!	Let's buy it!

	Bisogna scrivere al signor Neri.		
Lei	Perché non gli scrive?	**Gli** scriva!	Write to him!
tu	gli scrivi?	Scrivi**gli**!	Write to him!
voi	gli scrivete?	Scrivete**gli**!	Write to him!
noi	gli scriviamo?	Scriviamo**gli**!	Let's write to him!

Lei	Perché non si riposa?	**Si** riposi!	Rest!
tu	ti riposi?	Ripos**ati**!	Rest!
voi	vi riposate?	Riposate**vi**!	Rest!

The object pronouns:
- come before the 3rd person singular (*Lei*);
- come after the verb in the other forms; pronunciation is not affected by this.

Verbs with Irregularities

	fare	dare	dire
Lei	faccia: Mi faccia vedere.	dia: Mi dia una birra.	dica: Mi dica.
tu	fa': **Fammi** vedere.	da': **Dammi** una birra.	di': **Dimmi.**

In combination with one-syllable imperative forms such as *fa'*, *di'*, or *da'* the consonant of the following pronoun is doubled (except with *gli*): *Dimmi! Dillo! – Digli . . . !*

4 Questions with *che, che cosa, chi*

Che macchina è?	What kind of car . . . ?		
Che taglia ha?	What size . . . ?		
Che cosa c'è?	What is it?	Chi è?	Who . . . ?
Che cosa dice?	What does he say?	Chi cerca?	Who . . . ?
A che cosa pensi?	About what . . . ?	A chi scrivi?	To whom . . . ?
Di che cosa parlate?	About what . . . ?	Con chi hai parlato?	With whom . . . ?

Note:
Che is also used as an exclamation: *Che bello/Che bellezza!* How nice!
- Instead of *che cosa* often only *cosa* is used or only *che*:
Cosa vuoi/Che vuoi? What do you want?

75 Adverbs with -mente

Adverbs of manner are commonly formed by adding -*mente* to the feminine form of the adjective:

Questo è un locale	tipico.	
È un locale	tipica**mente**	italiano.
Ha una macchina	veloce.	
Il tempo è passato	veloce**mente**.	
Viene? – È	probabile.	
Viene? –	Probabil**mente**	sì.

tipico/tipica – *tipica**mente***

veloce – *veloce**mente***

Adjectives with *-le* and *-re* lose the -e before the ending *-mente*.

Note:

○ The adjective *buono* corresponds to the adverb *bene*:
Questo ristorante è **buono**. *– In questo ristorante si mangia* **bene**.
Bene can often be shortened to *ben* before an adjective/participle: *ben proporzionato*.

○ Alongside primary adverbs and adverbs ending in *-mente* there are various adverbial expressions, e.g.

di solito	*in genere*	*con cura*	*per tempo*	*in modo semplice*
di nuovo	*a lungo*	*con calma*	*per fortuna*	*in modo raffinato*

76 The Past Participle with *Avere*

Hai comprato il giornale?	–	Sì,	**l'** ho comprat**o**	alla stazione.
la carne?	–	Sì,	**l'** ho comprat**a**	stamattina.
i pomodori?	–	Sì,	**li** ho comprat**i**	ieri.
le olive?	– No, non		**le** ho comprat**e**.	
Prenda questa medicina.	–	Questa	**l'** ho già pres**a**.	
Prenda questi confetti. Tabletten	–	Questi	**li** ho già pres**i**.	

In combination with *avere*, the past participle only changes if there is a direct object pronoun *l'* (= *la, lo*), *li, le* before it.

Note:

Questo film		**l'**	ho già visto.
Questa rivista	non	**la**	conosco.
Le olive		**le**	mangio volentieri.

Or the		**L'**	ho già visto	questo film.
other way	Non	**la**	conosco	questa rivista.
round:		**Le**	mangio volentieri	le olive.

Often in spoken Italian the object is stated twice.

77 The Conditional Singular (I)

1. Forms

	-are	-ere	-ire
	restare	prendere	finire
io	resterei	prenderei	finirei
tu	resteresti	prenderesti	finiresti
lui/lei/Lei	resterebbe	prenderebbe	finirebbe

The conditional endings are the same for all verbs -*ei*, -*esti*, -*ebbe*. They are added to the infinitive form which loses the final *e*. Verbs ending in -*are* change the final -*a* to -*e*.

Irregular Verbs (I)

dare	fare	stare	andare	dovere	potere	volere
darei	farei	starei	andrei	dovrei	potrei	vorrei

2. Use

The conditional is used in subordinate clauses to express future time, when in the principal clause there is a past tense of verbs of saying, thinking, believing, etc.

a) Mario ti	potrebbe	aiutare.	M. could help you.	assumption
Lo	farebbe	senz'altro.	He would do it . . .	

b)	Io	vorrei	una macchina comoda,	I would like . . . ,	wish
	lui	preferirebbe	una macchina sportiva.	He would prefer . . .	
	Mi	daresti	il tuo indirizzo?	Would you . . . ?	polite
		Avrebbe	un gettone, per favore?	Do you have . . . please?	please
		Potrebbe	venire alle 9?	Could you . . . ?	question
		Dovresti	smettere di fumare.	You should . . .	suggestion (advice)

a) The conditional stands with expressions of assumption.
b) Wishes, requests, questions or suggestions sound more polite in the conditional than in the present tense.

78 *Ne* as an Expression of Quantity

Ho ancora **un po' di vino**.	**Ne** vuoi?		of
Vorrei telefonare, ma non ho **gettoni**.	**Ne** hai tu?		any
– No, non	**ne** ho.		none

Che **belle arance**!	**Ne** prendo	un chilo.	A kilo	of
Hai **dei dischi di Milva**? – Sì,	**ne** ho	molti.	many	of
Quanti	**ne** hai?		how many	of
	Ne ho	10.	10	of

The pronoun *ne* must never be omitted in Italian when the noun is not repeated and there is a numeral or an expression of quantity after the verb. *Ne* is also used of people: *Hai molti amici? – No, ne ho pochi.*

79 The Negative (II): *non...niente, non...nessuno*

	non	Verb	Complement	
Prendi qualcosa? – No, grazie,	non	prendo	niente.	nothing
È venuto qualcuno? – No,	non	è venuto	nessuno.	nobody
	Non	lo dica	a nessuno.	

Notes:
○ *Nulla* can also be used for *niente*:
Non abbiamo comprato **niente**/**non** abbiamo comprato **nulla**.
○ *Nessuno, niente/nulla* can be used without *non* when placed at the beginning of the sentence
without the verb: **Nessuno** gli crede. – Chi lo sa? – **Nessuno**.

LEZIONE **15**

---

80 The Position of Adjectives

1. Adjectives that follow the Noun

una macchina rossa	un giornale italiano	un albergo tranquillo
sportiva	milanese	rumoroso
veloce	liberale	centrale

Most adjectives follow the noun, those that do are:
– adjectives which describe a distinctive feature (e.g. colours);
– adjectives used as participles: *una camera ammobiliata/ben arredata*;
– adjectives with more than one syllable, especially those describing a short noun:
un film meraviglioso.

2. Adjectives that go before or after the Noun

L'appartamento ha un	grande	soggiorno		e due camere.
Noi prendiamo la		camera	grande	perché siamo in tre.
L'appartamento ha una		cucina	molto grande.	

Many frequently used short adjectives usually stand before the noun, e.g.:
bello   grande   lungo   giovane   buono
brutto   piccolo   breve   vecchio   bravo.
However, they stand after the noun:
– when describing difference between two or more items;
– when emphasising a particular aspect.

Note:
There is no absolute rule for the position of adjectives. The choice of whether the adjective should
go before or after the noun is often purely subjective according to the speaker's reasoning.

81 The Adjective *bello*

Masc. Singular	Plural	Fem. Singular	Plural
un bel film	che bei sandali!	una bella casa	che belle case!
un bello spettacolo	che begli scialli!		
un bell' appartamento	che begli abiti!	una bella/bell'idea	che belle arance!

When *bello* is used before the noun it behaves like the definite article
(see Section 26, like *quello*, Section 72).
Che **bell'** appartamento!– Sì, è molto bello.
Che **bei** quadri!　　　– Sì, sono molto belli.

82 The Conditional (II): Singular and Plural

	-are	-ere	-ire
	restare	prendere	finire
io	resterei	prenderei	finirei
tu	resteresti	prenderesti	finiresti
lui/lei/Lei	resterebbe	prenderebbe	finirebbe
noi	resteremmo	prenderemmo	finiremmo
voi	restereste	prendereste	finireste
loro	resterebbero	prenderebbero	finirebbero

Note:
o With verbs ending in *-care* and *-gare* an *h* is added:
　*cercare – cerche*rei, *pagare – paghe*rei.
o With verbs ending in *-ciare*, *-sciare*, *-giare* the *i* is dropped:
　*cominciare – comince*rei, *lasciare – lasce*rei, *mangiare – mange*rei.

Irregular Verbs (II)

essere	rimanere	sapere	vedere	venire
sarei	rimarrei	saprei	vedrei	verrei

83 The Verb *uscire*

esco	usciamo	
esci	uscite	uscito
esce	escono	

84 Object Pronouns with the Infinitive

Signor Pugi, che piacere	riveder**La**!	
Oggi è il compleanno di Mario. Ci piacerebbe	far**gli**	un regalo.
Vorrei	comprar**mi**	una piccola casa in collina.
Carlo, potresti	aiutar**ci**	domani?
Il pane non basta. Bisogna	comprar**ne**	ancora un po'.

As a rule object pronouns are added to the infinitive.
With *dovere/potere/sapere/volere* and infinitives like *andare/venire a* + infinitive the object pronoun can stand before the conjugated verb:
Devo farlo.   or: *Lo devo fare.*
Vado a prenderli.   or: *Li vado a prendere.*

85 The *si*- Construction (II)

Se	si mangia	molta	verdura,	The impersonal subject 'one' is expressed by *si*
se	si **mangiano**	solo	prodotti genuini	(See Section 66.)
	si vive	meglio.		

With the *si*- construction the verb stands:
– in the 3rd person singular when the adjective is singular.
– in the 3rd person plural when the adjective is plural.
If there is no noun, the verb is in the 3rd person singular.

Note:
In advertisements *si* is added to the verb:
Affittasi camera, ... room to let.

86 Relative Sentences with *che* and *chi*

Vorrei provare la gonna	che	è in vetrina.	the skirt, which ...
Non trovo più i libri	che	mi hai prestato.	the boots, which ...
Aumenta il numero degli italiani	che	lasciano la città.	the number of Italians that ...

Che represents people and things in the singular and plural.

Chi	cerca trova.	He who looks, finds.
Chi	sceglie la campagna ama la vita semplice.	He who chooses ...

Chi only represents people.

Dov'è il bagno?		Dov'è la valigia?	
Sopra.	above	Sopra l'armadio.	above/on the cupboard
Sotto.	below	Sotto il letto.	under the bed
(Là,) in fondo.	there at the bottom/back		

Dov'è previsto il garage?		Dov'è previsto il giardino?	
Dietro.	at the back	Dietro la casa.	behind the house
Davanti.	at the front	Davanti alla casa.	in front of the house

Il supermercato è . . .		Giovanna abita . . .	
a 100 metri.	100 m (away)	a 100 metri da qui.	100 m from here
a due passi.	nearby	a due passi dal Duomo.	near to the cathedral
lontano.	far away	lontano dal centro.	a long way from . . .

Differentiate:

Ecco, qui c'è la cucina,	here	(where the speaker is)
Lì, a sinistra il soggiorno.	there	(relatively far away)
Quella porta là' dove dà?	there	(still further away)

38 tutto, ogni

Pronouns	Hai trovato	tutto?		everything
		Tutti	sono invitati.	everyone
Adjective	Piove	tutto	il tempo.	all the time
	su	tutta	l'Italia.	all of Italy
	Ho scritto	tutte	queste cartoline.	these cards
	a	tutti	i miei amici.	to all my friends
	Io mi alleno	tutte	le settimane.	each week
	Carlo si allena	tutti	i giorni.	every day
	Io mi alleno	ogni	settimana.	every week
	Carlo si allena	ogni	giorno.	every day
		ogni	due giorni.	every 2 days

. *Tutto* is dependent upon the gender and number of the word it describes.
. *Ogni* never changes.

Note the following use:

tutti e due (i fratelli)	both
tutte e tre (le sorelle)	all three

Adjective		Mi fermo	qualche giorno.	some days (a few)
			qualche settimana.	some weeks
		Fa	qualche sport?	any
Pronoun		Ha telefonato	qualcuno?	someone
		C'è stato anche	qualcuno di voi?	one of you
		È successo	qualcosa?	anything

Qualche is unchangeable and is always followed by a noun in the singular.

Differentiate:

○ *E successo **qualcosa**?* some/any thing
 *Devo dirti **una cosa**.* something (definite)
○ *C'è **qualcosa di** nuovo?* anything new (adjective)
 *C'è **qualcosa da** mangiare?* anything to eat (infinitive)

90 The Adverb of Place *ci*

Sei già stato **a Napoli**?	–	**Ci**	sono stato l'anno scorso.	there
in Sardegna?	–	**Ci**	sono andato due anni fa.	there (to)
Non conoscete **l'Abruzzo**?	Potremmo andar**ci**		insieme.	
Quando vai **dal medico**?	–	**Ci**	vado domani.	

Ci as a conjunctive adverb means 'there' or 'to there'.

Note:

In connection with verbs like *pensare* and *credere*, *ci* means a thing, not a place.
*Hai comprato il giornale? – No, non **ci** ho pensato.* about it

91 (non . . .) mai

Sei **mai** stato a Bari? je	– No,	**non**	ci sono	**mai**	stato.	never
	– No,			**mai.**		never

Note:

Carlo	non	è	ancora	arrivato.	not yet
	Non	è	più	venuto.	no more

Roberto è alto	come	te.	as tall as you

Maria è più giovane	di	Rita.	younger than …
Queste scarpe sono più comode	di	quelle.	more comfortable than …
Il fondo è meno pericoloso	della	discesa.	less dangerous than …

93 Disjunctive Pronouns

1. Forms

Subject			Object/Prepositional Complement					
Chi è? –	Sono	io.	Cerca	**me**?	me	Scrivi anche a	me?	me
	Sei	tu?	Ha cercato	**te**.		Vengo con	te.	
	È	lui?	Ho visto	lui		Scrivo a	lui	
–	No, è	lei.	e	lei.		e a	lei.	
	Chi è	Lei?	Questo è per	Lei.		Vengo da	Lei.	
			È sicuro di	sé.	self	Parla con	sé	stesso.
Chi è? –	Siamo	noi.	Questo è per	noi.		Vieni con	noi?	
	Siete	voi?	Ho bisogno di	voi.		Ha telefonato a	voi?	
	Sono	loro.	Ho visto anche	loro.		Non so niente di	loro.	

2. Use of Disjunctive Pronouns

Chi cerca?	Me?		… me? …
Perché guardi sempre	me?		… always … me?
Lo sport non mi piace. –	A me	piace molto.	… like …
Rita ci scrive spesso. –	A noi	non scrive mai.	… to us.
Li ho visti ieri:	Lui	e sua moglie.	him and his wife.
Non sappiamo niente	di loro.		… of them.
	Vengo	da voi.	… to you.

Disjunctive pronouns are used whenever a pronoun is governed by a preposition and also:
 for special emphasis on direct or indirect objects;
 with questions and answers without a verb;
 after prepositions (*a*, *di*, *da*, …)

Note:
The disjunctive pronoun can be used with the prepositions *senza*, *dopo*, *dietro*, *sopra*, *sotto* and *di*:
senza di noi without us *sopra di noi* above us *dietro di te* behind you
dopo di Lei after you *sotto di noi* below us

LEZIONE 17

94 Comparative Sentences (II)

Gina è più alta	di	me.	taller than me
Oggi fa più freddo	di	ieri.	colder than yesterday
Questo quadro è più bello	degli	altri.	more beautiful than the others
È durato meno	di	due ore.	less than 2 hours
Meglio *oggi*	che	*domani.*	better today than tomorrow
È meglio *andare fuori*	che	*restare in casa.*	
Fa meno caldo *al mare*	che	*in città.*	

Than is expressed by *di* or *che. Di* is used in front of numerals, pronouns or nouns. When the comparison is between two nouns or pronouns that are subjects or objects of the same verb, than is expressed by *che.*
Than is *che* before adjectives, adverbs, prepositions, participles and infinitives.

95 The *Imperfetto*

1. Forms

	-are	-ere	-ire		
	andare	avere	venire	essere	esserci
io	andavo	avevo	venivo	ero	
tu	andavi	avevi	venivi	eri	
lui/lei/Lei	andava	aveva	veniva	era	c'era
noi	andavamo	avevamo	venivamo	eravamo	
voi	andavate	avevate	venivate	eravate	
loro	andavano	avevano	venivano	erano	c'erano

The endings for the *imperfetto* (-*vo*, -*vi*, -*va*, -*vamo*, -*vate*, -*vano*) are the same for all verbs (except *essere*). The -*re* is taken off the infinitive and these endings are added.

Irregular forms: *fare* – *facevo, facevi, … ; dire* – *dicevo, dicevi, …*

2. Use

Imperfetto			Present		
Dieci anni fa	**vivevo**	in campagna.	Oggi	vivo	in città.
Prima	**prendevo**	l'autobus.	Adesso	prendo	la metropolitana.
Ieri	**stava**	male.	Oggi	sta	meglio.

The *imperfetto* describes circumstances and events that used to happen in the past.

Plural Forms of Nouns

	o → i		il ragazzo	i ragazzi		
	e → i		il balcone	i balconi	la chiave – le chiavi	
	a → i		il problema	i problemi		
feminin	a → e		la ragazza	le ragazze		

Irregularities

masculine	io → i		il negozio l'ufficio	i negozi gli uffici	But: lo zio – gli zii
	co → chi go → ghi		il pacco il lago	i pacchi i laghi	But: l'amico – gli amici
	co → ci go → gi		il medico lo psicologo*	i medici gli psicologi	(if third syllable is stressed – But: valichi)
feminine	ca → che ga → ghe		l'amica la riga	le amiche le righe	
	cia → ce gia → ge		l'arancia la spiaggia	le arance le spiagge	But: la formacia – le farmacie
	cia → c(i)e gia → g(i)e		la camicia* la valigia	le camic(i)e le valig(i)e	(if a vowel comes before)
unchange- able	stressed vowel consonant		il caffè la città il film	i caffè le città i film	also unchangeable are: il cinema, l'auto, la foto
			l'uomo	gli uomini	
	Sing. *m* → Plur. *f*		il braccio il dito il paio l'uovo*	le braccia le dita le paia le uova	
	only in singular		la gente la roba		
	only in plural			gli spiccioli i pantaloni gli occhiali*	

psicologo psychologist   *uovo* egg   *camicia* shirt   *occhiali* glasses

Prepositions with the Definite Article

	il	lo	la	l'	i	gli	le
a	al	allo	alla	all'	ai	agli	alle
da	dal	dallo	dalla	dall'	dai	dagli	dalle
di	del	dello	della	dell'	dei	degli	delle
in	nel	nello	nella	nell'	nei	negli	nelle
su	sul	sullo	sulla	sull'	sui	sugli	sulle

The preposition *con* is only occasionally joined to the definite article: *col treno*, *coi libri*.

Tenses

1. The Present

lavorare	prendere	partire	finire
lavoro	prendo	parto	fin**isco**
lavori	prendi	parti	fin**isci**
lavor**a**	prend**e**	part**e**	fin**isce**
lavoriamo	prendiamo	partiamo	finiamo
lavor**ate**	prend**ete**	part**ite**	finite
lavor**ano**	prend**ono**	part**ono**	fin**iscono**

2. The *Imperfetto*

lavorare	prendere	finire
lavor**avo**	prend**evo**	fin**ivo**
lavor**avi**	prend**evi**	fin**ivi**
lavor**ava**	prend**eva**	fin**iva**
lavor**avamo**	prend**evamo**	fin**ivamo**
lavor**avate**	prend**evate**	fin**ivate**
lavor**avano**	prend**evano**	fin**ivano**

3. The *Passato Prossimo*

with *avere*		with *essere*	
ho	mangiato	sono	andato, -a
hai	saputo	sei	arrivato, -a
ha	finito	è	partito, -a
abbiamo	scritto	siamo	arrivati, -e
avete	deciso	siete	venuti, -e
hanno	vinto	sono	partiti, -e

The Conjugation of Verbs

Infinitive	Present Singular	Plural	*Imperfetto*	Conditional	Participle	Also:
accendere	accendo		accendevo	accenderei	acceso	
andare*	vado vai va	andiamo andate vanno	andavo	andrei	andato	
aprire	apro		aprivo	aprirei	aperto	coprire offrire
avere	ho hai ha	abbiamo avete hanno	avevo	avrei	avuto	
bere	bevo bevi beve	beviamo bevete bevono	bevevo	berrei	bevuto	
cercare	cerco cerchi cerca	cerchiamo cercate cercano	cercavo	cercherei	cercato	giocare indicare mancare praticare
chiedere	chiedo		chiedevo	chiederei	chiesto	richiedere
chiudere	chiudo		chiudevo	chiuderei	chiuso	
cominciare	comincio cominci comincia	cominciamo cominciate cominciano	cominciavo	comincerei	cominciato	
conoscere	conosco conosci conosce	conosciamo conoscete conoscono	conoscevo	conoscerei	conosciuto	riconoscere
dare	do dai dà	diamo date danno	davo	darei	dato	
decidere	decido		decidevo	deciderei	deciso	

These verbs form the *passato prossimo* with *essere*.

Infinitive	Present Singular	Plural	*Imperfetto*	Conditional	Participle	Also:
dire	dico dici dice	diciamo dite dicono	dicevo	direi	detto	
discutere	discuto		discutevo	discuterei	discusso	
dovere	devo devi deve	dobbiamo dovete devono	dovevo	dovrei	dovuto	
essere*	sono sei è	siamo siete sono	ero eravamo eri eravate era erano	sarei	stato	
fare	faccio fai fa	facciamo fate fanno	facevo	farei	fatto	
finire	finisco finisci finisce	finiamo finite finiscono	finivo	finirei	finlto	capire preferire tossire
lasciare	lascio lasci lascia	lasciamo lasciate lasciano	lasciavo	lascerei	lasciato	
leggere	leggo leggi legge	leggiamo leggete leggono	leggevo	leggerei	letto	
mangiare	mangio mangi mangia	mangiamo mangiate mangiano	mangiavo	mangerei	mangiato	viaggiare danneggiare noleggiare
mettere	metto		mettevo	metterei	messo	smettere trasmettere
morire*	muore	muoiono	moriva	morirebbe	morto	
muovere	muovo		muovevo	muoverei	mosso	

Infinitive	Present Singular	Plural	Imperfetto	Conditional	Participle	Also:
nascere*	nasce		nasceva		nato	
pagare	pago paghi paga	paghiamo pagate pagano	pagavo	pagherei	pagato	litigare
partire*	parto parti parte	partiamo partite partono	partivo	partirei	partito	divertirsi* dormire seguire sentire servire vestirsi*
perdere	perdo		perdevo	perderei	perso	
piacere*	piaccio piaci piace	piacciamo piacete piacciono	piaceva	piacerebbe	piaciuto	dispiacere*
piangere	piango		piangevo	piangerei	pianto	
potere	posso puoi può	possiamo potete possono	potevo	potrei	potuto	
prendere	prendo		prendevo	prenderei	preso	riprendere
rimanere*	rimango rimani rimane	rimaniamo rimanete rimangono	rimanevo	rimarrei	rimasto	
risolvere	risolvo		risolvevo	risolverei	risolto	
rispondere	rispondo		rispondevo	risponderei	risposto	
rivolgersi*	mi rivolgo		mi rivolgevo	mi rivolgerei	rivolto	
salire*	salgo sali sale	saliamo salite salgono	salivo	salirei	salito	

Infinitive	Present Singular	Plural	Imperfetto	Conditional	Participle	Also:
sapere	so sai sa	sappiamo sapete sanno	sapevo	saprei	saputo	
scegliere	scelgo scegli sceglie	scegliamo scegliete scelgono	sceglievo	sceglierei	scelto	
scendere*	scendo		scendevo	scenderei	sceso	
scrivere	scrivo		scrivevo	scriverei	scritto	descrivere iscriversi* prescrivere
spendere	spendo		spendevo	spenderei	speso	
spingere	spingo		spingevo	spingerei	spinto	
stare*	sto stai sta	stiamo state stanno	stavo	starei	stato	
succedere*	succede		succedeva	succe- derebbe	successo	
uscire*	esco esci esce	usciamo uscite escono	uscivo	uscirei	uscito	
vedere	vedo		vedevo	vedrei	visto	
venire*	vengo vieni viene	veniamo venite vengono	venivo	verrei	venuto	
vincere	vinco		vincevo	vincerei	vinto	
vivere*	vivo		vivevo	vivrei	vissuto	
volere	voglio vuoi vuole	vogliamo volete vogliono	volevo	vorrei	voluto	

Espressioni utili Useful Expressions

Scusi, non ho capito.	I am sorry, I have not understood.
Può ripetere, per favore?	Could you repeat that please?
Può parlare più lentamente, per favore?	Could you speak more slowly please?
Che cosa significa . . . ? /	What does . . . mean?
Che cosa vuol dire . . . ?	
Come si dice . . . in italiano?	How does one say . . . in Italian?
Posso aprire la finestra?	Can I open the window?
La prossima volta non posso venire.	I cannot come next time.
Mi dispiace, ma devo andare.	I am sorry but I must go.
Alla prossima volta!	Until the next time!

Pronunciation:
The pronunciation of each word is given in the alphabetical wordlist.

Stress:
As a rule the stress in Italian is placed on the penultimate syllable. In the vocabulary the pronunciation of particular words is shown by a dot under the stressed vowel: svizzero.

Learning vocabulary list:
All the words in **heavy type** belong to the **learning vocabulary list**. All other words do not belong to the learning vocabulary list, but are necessary for the lessons concerned yet need not be actively learnt.

Abbreviations:

Adv	adverb	*Past Part*	past participle	*Relative Pron*	relative pronoun
	feminine	*Pers*	person	*Sing*	singular
nf	infinitive	*Plur*	plural	*col*	colloquial
m	masculine	*qc*	(qualcosa) something	*un*	unchangeable
	or	*qu*	(qualcuno) someone	*sth*	something

A 1

buonasera	good evening
mi chiamo ...	my name is
Inf: chiamarsi	to be called
e Lei?	and you?
Lei *polite 3rd Pers Sing*	you
come si chiama?	what is your name?
come?	what?

A 2

chi è il signor Ball?	who is Mr Ball?
chi è ... ?	who is ... ?
Inf: essere	to be
Il signor Ball	Mr Ball
il signore	Mr
sono io	I am
io	I
la signora Davies	Mrs Davies
la signora	Mrs

A 3

è Lei il signor S.?	are you Mr S.?
sì	yes
è Lei la signorina M.?	are you Miss M.?
no, sono ...	no, I am ...
come si chiama, scusi?	what is your name, please?
scusi	excuse me

A 4

buongiorno, signora	good morning (Mrs X)
come sta?	how are you?
Inf: stare	to stay (be)
bene *Adv*	good
grazie	thank you
non c'è male	not so bad
allora	well, then
arrivederci	goodbye

A 5

ciao	hi, see you
come stai?	how are you?
tu	you
sto abbastanza bene	I am quite well
abbastanza *Adv*	quite

A 6

come ti chiami?	what is your name?

A 7

chi è?	who is it?
è la signora Galli	it is Mrs Galli
come si chiama?	what is his/her name?

ESERCIZIO 1

continuate	carry on
sig. ... *(signor ...)*	Mr
sig.ra *(signora)*	Mrs
sig.na *(signorina)*	Miss

ESERCIZI 2–4

che cosa dicono?	what are they saying?
che cosa?	what?
fate la conversazione	have a conversation
in classe	in class

A 1

Lei di dov'è?	where are you from?
di	from
dove?	where?
sono di Napoli	I am from Naples
Roma	Rome

A 2

di dove sei?	where are you from?
Pescara	Pescara (*on the Adriatic Sea*)
ma	but
abito a Verona	I live in Verona
abitare	to live

ESERCIZIO 1

Messina, Palermo	(*towns in Sicily*)
Perugia	(*capital city of Umbria*)

A 3

pronto!	hello (*on the telephone*)
in Inghilterra	in England
l'Inghilterra *f*	England
anch'io	me too
anche	also

ESERCIZIO 2

adesso telefonate voi	now you telephone
Inf: telefonare	to phone
voi *2nd Pers Plur*	you (*Plur*)

l'Irlanda Dublino	Eire Dublin
la Scozia Edimburgo	Scotland Edinburgh
il Galles Cardiff	Wales Cardiff
l'Inghilterra Londra	England London
la Francia Parigi	France Paris
la Svizzera Berna	Switzerland Berne
l'Italia la Spagna	Italy Spain
Berlino Zurigo	Berlin Zurich

A 4

fuma?	do you smoke?
fumare	to smoke
Lei è straniera?	are you a foreigner?
sono tedesca	I am German
come mai?	how come?
Urbino	(town in Marche)
sono qui per lavoro	I am here to work
qui	here
per	for
il lavoro	work

A 5

sei tedesco?	are you German?
tedesco, tedesca	German m/f
sono inglese	I am English
inglese m/f	English m/f
italiano, -a	Italian
vero?	really?
vero	true
che cosa fai qui?	what are you doing here?
Inf: fare	to do
che cosa?	what?
in vacanza	on holiday
per imparare l'italiano	to learn Italian
per	for; to; in order to
imparare	to learn
austriaco, -a	Austrian
francese m/f	French
spagnolo, -a	Spanish
svizzero, -a	Swiss

ESERCIZIO 4

completate i dialoghi	complete the dialogues
Inf: completare	to complete
Lecce	(town in Puglia)

B

in treno	by train
è libero questo posto?	is this seat free?
il posto	the seat
questo, -a	this
libero, -a	free

prego	can I help you; you're welcome
Ravenna, Bologna	(towns in Emilia-Romagna)
studio architettura	I study architecture
studiare	to study
lavoro in banca	I work in a bank
lavorare	to work
senti . . .	listen . . .
Inf: sentire	to hear
questa è Bologna?	is this Bologna? (names of towns are feminine)
eh sì	yeah

ESERCIZI 5–7

vero o falso?	true or false
falso	false
trovate . . .	find . . .
Inf: trovare	to find
la risposta giusta	the right answer
giusto, -a	just, right, correct

ESERCIZIO 8

il nome	name
il cognome	surname
il luogo di nascita	place of birth
la data di nascita	date of birth
la firma	signature
il corso	course

LEZIONE 3

A 1

ho sete Inf: avere	I am thirsty
la sete	to be thirsty
prendiamo qualcosa?	let's have something
prendere	to take
qualcosa	something
volentieri	with pleasure
andiamo in questo	let's go in this
Inf: andare	to go
il bar	bar
va bene Inf: andare	ok, to go
d'accordo	ok
scontrino	bill
alla cassa	at the checkout
la cassa	checkout/till

A 2

che cosa prende?	What will you have?
prendo un caffè	I will have a coffee
il caffè	coffee; café
preferisco un tè	I would prefer tea
preferire	to prefer
due caffè	two coffees
un'acqua minerale	mineral water
o una minerale	
una birra	beer
un'aranciata	orangeade
un cappuccino	frothy white coffee
un succo di pompelmo	grapefruit juice
il pompelmo	grapefruit
un amaro	bitters (liqueurs)
un crodino	alcohol-free aperitif
uno stravecchio	type of cognac

ESERCIZI 2–3

che numero è?	what number is it?
il numero	number
quanto fa?	how much is it?
quanto?	how much?
più	more

A 4

la pasta	pastry, cake
Quant'è?	how much is it?
– 1200 lire.	– 1200 Lire

ESERCIZIO 4

al bar	at the bar
il listino prezzi	list of prices
la cioccolata	hot chocolate drink
la spremuta	fresh fruit juice

A 5

cameriere!	waiter!
il cameriere	the waiter
desidera?	what would you like?
desiderare	to want
subito	immediately
un momento . . .	just a moment
vorrei *Inf:* volere	I would like, to want
mangiare	to eat
una pizza, un toast	a pizza, toast or
o un panino?	a sandwich
il panino	sandwich; (filled) roll

A 6

a casa di Franco	at Franco's house
la casa	house, home
con ghiaccio	with ice
il ghiaccio	ice
senza	without

ESERCIZIO 7

la grappa	strong spirit

B

stiamo qui fuori	let's stay outside
Inf: stare	to stay, be
fuori	outside
toh	gosh! here you are!
ecco Paolo	here is Paul
Questa è Sue.	this is Sue
– Piacere.	–delighted
il gelato	ice cream
il cornetto	ice cream
	in cornet

ESERCIZIO 9

qual è la risposta	what is the correct
giusta?	answer?

LEZIONE 4°

A 1

l'albergo	hotel
il ristorante	restaurant
„3 Ceri"	'3 Candles'
la camera da letto	bedroom
la camera	room
il letto	bed
il bagno	bath
la sala da pranzo	dining room
stile 300	fourteenth century
	style
nel centro storico	historical town
	centre
il centro	centre
storico, -a	historical
Gubbio	(*town in Umbria*)
vicino alla chiesa di	near to the
S. *(San)* Francesco	Church of
	St Francis
vicino (a)	near to
la chiesa	the church
ideale *m/f*	ideal
il soggiorno	stay
tranquillo, -a	quiet
30 *(trenta)* camere	30 rooms

il telefono	telephone
60 (sessanta) posti letto	60 beds
il riscaldamento	heating
l'aria condizionata	air conditioning
il banchetto	banquet
la cucina	kitchen
tipico, -a	typical
umbro, -a	umbrian
la pensione	pension
per persona	per person
il prezzo	price
tutto incluso	everything included
tutto	everything

A 2

una camera singola	single room
singolo, -a	single
per una settimana	for a week
la doccia	shower
quanto costa?	how much does it cost?
25.000 (venticinquemila)	25,000
al giorno	per day
il giorno	day
ha un documento?	have you any identification?
Inf: avere	to have
per favore	please
ecco il passaporto	here is my passport
una camera a un letto	single bed
una camera doppia,	double room,
una camera a 2 letti	room with two beds
doppio, -a	double
una camera matrimoniale	room with double bed
matrimoniale m/f	marital
il balcone	balcony

A 3

avete due camere per questa notte?	do you have two rooms for tonight?
avere	to have
mi dispiace	I am sorry
abbiamo solo ...	we have only ...
solo Adv	only
per una notte va bene	that's alright for one night
la chiave	the key
non funziona	does not work
funzionare	to work
vengo Inf: venire	I come, to come

A 4

telefonare a	to telephone
1st Pers: telefono	I telephone
la cabina	kiosk

qual è il prefisso per L'inghilterra	what is the code for England?
qual è ... ? m/f	what is

Numbers see p. 169

il prefisso di Venezia	the code for Venice
il numero del soccorso pubblico di emergenza	number for emergency calls
il numero dell'ACI (Automobile Club d'Italia)	number of ACI (Italian Automobile Club)
il numero della segreteria telefonica	telephone information service number

il gettone (telefonico)	telephone token

A 5

mio marito	my husband
il marito	husband
dove siete?	where are you?
siamo all'albergo	we are at the hotel
all'albergo	at the hotel
com'è la camera?	what is the room like?
bello, -a	beautiful
grande m/f	big
mi piace Inf: piacere	I like it
ma il posto non è troppo rumoroso?	but isn't it too noisy?
rumoroso, -a	noisy
senti, ...	listen ...
hai tempo stasera?	do you have time this evening?
certo Adv	certainly
a stasera!	until this evening

Padova	(town in Veneto)
all'hotel	at the hotel
in centro	in the centre

perché?	why?
perché è troppo caro	because it is too
caro, -a	expensive

brutto, -a	ugly
piccolo, -a	small

ESERCIZIO 3

la città	town
andiamo a vedere la camera	let's go and see the room
vedere	to see

l'agenzia	agency
Cortina d'Ampezzo, Madonna di Campiglio, Corvara	(*holiday resorts in the Italian Alps*)
l'appartamento	flat
(in) luglio	in July
agosto	August
2 adulti	2 adults
2 bambini	2 children
il bambino, la bambina	child
il soggiorno	stay; living room
il garage	garage

ESERCIZIO 4

fate le domande	ask questions
la domanda	question
ancora	again
bellissimo, -a	very beautiful

B

l'impiegato	employee
cercare	to search
la villetta	holiday house
Senigallia	(*town in Marche, on the Adriatic Sea*)
per il mese di agosto	for the month of August
il mare	the sea
mah	well
quanti siete?	how many are you?
siamo in sette	we are seven
il divano letto	bed settee
comodo, -a	comfortable
purtroppo non abbiamo altro	unfortunately we have nothing else
purtroppo	unfortunately
altro, -a	other
il dépliant	brochure, leaflet
ti piace?	do you like it?
beh	well
un milione	million
tutto compreso	everything included
la luce	light
il gas	gas
però è cara, eh!	however, it is expensive
però	however
eh, caro signore	my dear sir
alta stagione *f*	high season
sentiamo che cosa dicono Paolo e Anna	let's hear what Paul and Ann say
tornare	to return

domani	tomorrow
benissimo *Adv*	very good

ESERCIZI 6–8

il biglietto	ticket
tombola	game of luck like bingo
la famiglia	family
quale appartamento?	which flat?
quale? *m/f*	which?

A 1

scusi, c'è una banca qui vicino?	excuse me, is there a bank near here?
in via Verdi	in Verdi Street
la seconda strada	the second street
secondo, -a	second
a destra	to the right, right
Tante grazie. – Prego.	thank you very much – you are welcome
primo, -a	first
terzo, -a	third
quarto, -a	fourth
a sinistra	to the left, left
il corso	(main) street
il parcheggio	parking place
il distributore	petrol pump
la cabina telefonica	phone booth
la farmacia	chemist
la fermata	bus stop
l'ufficio postale P.T. (*poste e telegrafi*)	post office
l'edicola	newspaper kiosk
il giornale	newspaper
la trattoria	restaurant
„Da Gianni"	'Gianni's'
da	at
il cinema	cinema
il supermercato	supermarket
la Banca Commerciale	(*a major Italian bank*)
commerciale *m/f*	commercial
il teatro comunale	town theatre
il teatro	theatre
comunale *m/f*	municipal

A 2

il tram	tram
l'autobus *m*	bus
per	for, to
accanto a	next to
di fronte a	opposite
dov'è via Vico?	where is Vico street?
non lo so *Inf:* sapere	I don't know

A 3

per il Duomo . . .	to the cathedral
dove devo scendere?	where must I get off?
Inf: dovere	
scendere	get off
deve scendere alla stazione	you must get off at the station
lì	there
poi	then
Grazie. – Non c'è di che.	thank you – that's ok
in piazza Duomo	in the cathedral square
la piazza	square
Oh, scusi!	oh, excuse me
– Prego!	– of course

ESERCIZIO 4

la metropolitana	underground train
che linea?	which line?
che . . . ? *un*	which . . . ?
la (linea) numero 1	line number one
Largo . . .	broad street, square
P.za (Piazza)	square
P.ta (Porta)	gate
P.le (Piazzale) *m*	big square
a Centrale F.S. (Ferrovie dello Stato)	central railway station (state railway)
Garibaldi F.S.	Garibaldi station
V.le (Viale) *m*	avenue, alley
C.so (Corso)	main street

A 4

andiamo a vedere il castello?	shall we go and see the castle?
andare a fare qc	go and do sth.
andiamo a piedi?	shall we walk?
il piede	foot
lontano	far
(non) avere voglia di fare qc	(not) to feel like doing sth.
camminare	to walk
andare in macchina	to go by car
la macchina	car

ESERCIZI 5–6

dove andiamo?	where are we going?
il palazzo ducale	duke's palace
il palazzo	palace
il museo d'arte moderna	modern art museum
il museo	museum
la ruota	wheel
domandare	to ask

A 5

l'Ente per il Turismo	tourist office
dunque . . .	therefore . . .
ora prendete questa strada e andate dritto . . .	now take this street and go straight on . . .
dritto	straight on
fino a	up to
attraversare	to cross
girare	to turn
continuare	to continue
sempre	always, still
ecco lì . . . c'è . . .	there is . . .
molto *Adv*	very
va *Inf:* andare	go, to go

B

la domenica	Sunday; on Sundays
che cosa facciamo oggi? *Inf:* fare	what are we doing today? to do
oggi	today
non mi piace stare tutto il giorno in casa	I don't like to stay in the house all day
leggere	to read
un po'	a little
ma se tu preferisci uscire . . .	but if you prefer to go out . . .
Como	(town in Lombardia, on Lake Como)
mangiare il pesce	to eat fish
ho un'idea	I have an idea
ma dai!	oh, what!
leggi qui	read here
alla gente piace andare in piazza	people like to go to the square, town centre
la gente	people
Milano	Milan (town in Lombardia)
vietato alle macchine	no cars allowed
guardare	to watch
Milano ai Milanesi	Milan for the Milanese
la musica	music
il ballo	dance
il risotto	risotto
tutti	all

il concerto	concert
che (un Relative pron)	which
ah sì, è vero	ah yes it is true
pronto, -a	ready
l'aperitivo	aperitif
il programma	programme

ESERCIZI 8–12

rispondete alle domande	answer the questions
Inf: rispondere	to answer
con i verbi seguenti	with the following verbs
classico, -a	classical
fresco, -a	fresh
il mausoleo	mausoleum
Galla Placidia	Roman Empress (died in 450)
la discoteca	discotheque
andare in bicicletta	go by bicycle
la bicicletta	bicycle

LEZIONE 6

A 1

basta	enough
poco	little
preparare	to prepare
un pranzo diverso	a different, special meal
il pranzo	meal
diverso, -a	different
l'antipasto	hors d'oeuvre
il prosciutto	ham
carciofini	artichokes
il primo	first course
ravioli al burro	ravioli with butter
il burro	butter
la salvia	sage
il secondo	second course
la scaloppina	escalope
il marsala	sweet (Sicilian)
4 fettine di vitello	4 veal cutlets
la fettina	cutlet
il vitello	veal
50 gr. (grammi) di burro	50 grams of butter
il grammo	gram
1 bicchiere di marsala	1 glass of marsala
il bicchiere	glass
un po' di farina	some flour

il sale	salt
il pepe	pepper
infarinare	to flour (cover with)
la carne	meat
mettere il burro in una padella	put butter in a pan
mettere	to put
fare dorare le fettine	cook the escalopes until they are brown
aggiungere	to add
fare cuocere	to cook
per 5 minuti	for 5 minutes
il minuto	minute
mettere sale e pepe	add salt and pepper
servire 1st Pers: servo	to serve
la verdura	vegetables
vario, -a	various

A 2

facciamo le scaloppine? Inf: fare	shall we make escalopes?
che cosa bisogna comprare?	what do we need to buy?
bisogna	we need
comprare	to buy
quasi	almost
la farina c'è	there is flour
manca la carne	there is no meat
mancare	to lack, miss
ci sono le patate?	are there any potatoes
mancano i fagiolini	there are no green beans
lo zucchero	sugar
gli spaghetti	spaghetti

ESERCIZIO 1

il pomodoro	tomato
il formaggio	cheese
l'insalata	salad (lettuce)
l'olio	oil

ESERCIZIO 2

la pizza „4 stagioni"	'four seasons' pizza
l'olio d'oliva	olive oil
l'oliva	olive
i funghi	mushrooms
sott'olio	in oil
sotto	under
il lievito	yeast
l'origano	oregano
dove vai? Inf: andare	where are you going?
vado dal salumiere	I am going to the delicatessen

A 3

n salumeria	at the delicatessen
ni dia . . . *Inf:* dare	give me . . .
due etti di prosciutto	200 grams of ham
n etto	100 grams
cotto, -a	cooked
crudo, -a	raw
n etto e mezzo	150 grams
mezzo, -a	half
sono buoni	they are good
buono, -a	good

A 4

dal macellaio	at the butcher's
quattro fettine di vitello tenere	4 cutlets of tender veal
tenero, -a	tender
altro?	anything else?
mezzo chilo di carne macinata	half a kilo of minced meat
mezzo chilo	half a kilo
l chilo	kilo
magro, -a	thin
per piacere	please
pagare	to pay

A 5

ndare a fare la spesa	to go shopping
prima . . . poi	first . . . then
n negozio di generi alimentari	general food shop
negozio *Plur:* negozi	shop
pacco *Plur:* pacchi	packet
n litro di latte	litre of milk
latte	milk
a mela	apple
arancia *Plur:* arance	orange
a panetteria	bakers
pane	bread

a pasta	pasta
esco, -a *Plur:* freschi, fresche	fresh

A 6

l mercato	at the market
a ciliegia	cherry
buonissimo, -a	very good

a gente quando viene a fare la spesa	when people come to do the shopping
a gente	people
quando	when
venire a fare qc	to come to do sth

meno	less
sparmiare	to save
ivere	to live

la banana	banana
parmigiano-reggiano	Parmesian cheese (*from the Reggio area*)
pomodori pelati	peeled tomatoes
la scatola	tin; box
vino da tavola	table wine
il vino	wine

B 1

spendere	to spend
la famiglia-tipo milanese	average Milanese family
il prodotto	product
la frutta	fruit

B 2

cosa vuoi, . . . *Inf:* volere	what can you do, . . . to want
cosa (*col for* che cosa?)	what?
	what prices!
certo, -a	certain
carissimo, -a	very dear
mia sorella che vive a Stoccarda	my sister who lives in Stuttgart
la vita	life
il lusso	luxury
lo stipendio	pay
ed è un problema arrivare a fine mese	it is a problem to last to the end of the month
ed	and
il problema	problem
arrivare	to arrive
il fine mese	end of the month
i ragazzi	boys
cosa dice?	what does he say?
dire	to say
scusa	excuse me
il suo onomastico	his special name day
speciale *m/f*	
che cosa fai di buono?	what are you cooking?
tanti auguri (a)	best wishes
grazie mille	many thanks

la frase	sentence
il puzzle	puzzle
però	however
tanto tempo	so much time
di prima qualità	top quality

la qualità	quality
con l'aiuto delle parole sottostanti	with the help of the following words
l'aiuto	help
la parola	word
mia moglie	my wife
la moglie	wife

LEZIONE 7

A 1

quando è successo?	when did it happen?
quando?	when?
succ̣edere	to happen
nel 1980	in 1980
il/la regista	producer
ha avuto successo	he has had success
il successo	success
il film *un*	film
la morte	death
l'uomo *Plur:* uọmini	man
sulla luna	on the moon
su	on
nạscere *Past part:*	to be born
nato, -a	born
la televisione	television
Firenze	Florence
visitare	to visit
la mostra dei Mẹdici	Medici exhibition
la mostra	exhibition
i Mẹdici	*(powerful family that ruled Florence from 1434–1737)*
in molte città d'Europa	in many European towns
molto, -a	many
c'è stato, -a . . .	there was
Inf: ẹsserci	
la protesta	protest
lo studente	student
sposare	to marry
l'Inghilterra	England

Pertini	*(Sandro Pertini, member of Socialist Party, a former President)*
diventare	*to become*
il presidente	*president*
la Repụbblica	*republic*

ESERCIZIO 1

raccontate	*tell*
Inf: raccontare	*to tell*
Rịmini	*(town on the Adriatic Sea in Emilia-Romagna)*
il ragazzo	boy
famoso, -a	famous
l'attrice	actress
per esempio	for example
dolce *m/f*	sweet
la donna	lady

A 2

che cosa hai fatto?	what have you done?
Inf: fare	to do
ieri	yesterday
la festa	feast, party
veramente *Adv*	really
una bella giornata	a nice day
sai . . . *Inf:* sapere	you know . . .
ho conosciuto . . .	I knew
conọscere	to know (people)
simpạtico,-a	kind
fare amicizia	to make friends
sono rimasto/ rimasta . . .	I stayed . . .
rimanere	to stay
ho letto *Inf:* leggere	I have read
dopo	after
l'amica	friend (girl)
la passeggiata	walk
insieme	together
come al sọlito	as usual
la partita	match (football)

ESERCIZIO 2

ho scritto una lẹttera	I have written a letter
scrịvere	to write

A 3

quanti anni hai?	how old are you?
quanti?	how many?
l'anno	year
il tuo compleanno	your birthday
il 20 ottobre	20th October

gennaio, febbraio	January, February
marzo, aprile	March, April
maggio, giugno	May, June,
luglio, agosto	July, August
settembre, ottobre	September, October
novembre, dicembre	November, December
Suo compleanno	your birthday

A 4

incontrare qualcuno	to meet someone
venire a trovare qu	to come and visit someone
la sua famiglia	his/her family
lasciare	to leave
università un	university
vuole Inf: volere	he/she wants
il suo ragazzo	her (boy) friend
amico Plur: amici	friend

ESERCIZIO 4

tutti i giorni	every day
vivere da solo/sola	live alone

A 5

elettricista	electrician
lavorare in proprio	work for oneself, be self-employed
proprio, -a	own
indipendente m/f	independent
il/la rappresentante	representative
viaggiare	to travel
nuovo, -a	new
che	which
il/la ragioniere, -a	bookkeeper; accountant
disoccupato, -a	unemployed
difficile m/f	difficult
il/la commesso, -a	salesman/woman, shop assistant
disco Plur: dischi	record
la possibilità un	possibility
giovane m/f	young
guadagnare	to earn
due anni fa	two years ago
proprio Adv	really
contento, -a	happy
ospedale m	hospital
infermiera	nurse
faticoso, -a	tiring

ESERCIZIO 5

descrivete . . .	describe . . .
Inf: descrivere	
informazione f	information
meccanico	mechanic

l'ingegnere	engineer
l'impiegato, -a	employee
la segretaria	secretary
l'operaio, -a	worker
interessante m/f	interesting
monotono, -a	monotonous
abbastanza	quite. enough

B

Genova	(town in Liguria)
siciliano, -a	Sicilian
Trapani	(town in Sicily)
e basta	that's all
la ragazza	(girl) friend
il Nord	north
il Sud	south
così	so
solo come un cane	utterly alone
il cane	dog
poco tempo fa	a short while ago
la Rinascente	(name of chain of Italian department stores)
genovese m/f	Genovese
carino, -a	pretty; cute
dopo	after
l'incontro	meeting
triste m/f	sad
non so come fare a . . .	I do not know what I should do to . . .
il pregiudizio	prejudice
scusa lo sfogo	excuse the emotional outburst
l'attenzione f	attention
la solitudine	loneliness
comune f/m (a)	common
la malattia	illness
tante persone	so many people
tanto, -a	(so) many, much
il coraggio	courage
il passo	step
importante m/f	important
il proverbio	proverb
tanti saluti	best regards
il saluto	greeting

ESERCIZIO 7

parlare (di)	speak of
raccontare qc a qu	tell sth to someone

ESERCIZIO 8

arrivare	to arrive
il programma	programme
cinese m/f	Chinese
la torre della televisione	television tower

il circo	circus
jugoslavo, -a	Yugoslavia
l'espressione *f*	expression
ụtile *m/f*	useful

ESERCIZIO 9

ecc. *(eccẹtera)*	etc.
la mentalità	mentality

LEZIONE 8

A 1

che ore sono?	what time is it?
l'ora	hour
sono le nove e venti	it is twenty past nine
un quarto	quarter
è mezzogiorno	midday
è mezzanotte	midnight

A 2

il biglietto	ticket
l'Amleto	Hamlet
vuoi venire?	do you want to come?
volere	to want
a che ora?	at what time?
cominciare	to begin
alle nove	at nine o'clock
mi vieni a prendere?	will you come to collect me
venire a prendere	to come to collect
finire *1st Pers:* finisco	to finish

ESERCIZIO 2

la Coppa del Mondo di sci	World Cup skiing
il telegiornale	television news programme

ESERCIZIO 3

l'invito	invitation
invitare	to invite
il/la collega	colleague
Plur: -ghi, -ghe	

A 3

sạbato	Saturday
se	if
possiamo andare a pescare	we can go fishing
potere	to be able
già	already
l'impegno	engagement; obligation

un mio collega	my colleague
voglio partecipare alla corsa campestre	I want to participate in the cross-country rac
partecipare a	to take part in
la corsa	race
andare a teatro	to go to the theatre
lunedì, martedì *m*	Monday, Tuesday
mercoledì, giovedì *m*	Wednesday, Thursday
venerdì *m*	Friday

ESERCIZIO 4

il/la vostro, -a	your
Comune di Pavịa	*(town in Lombardia)*
il comune	town
il chilọmetro	kilometre
la marcia	march, walk; gear
la partenza	depature
da	from
sportivi e non	sports players and non sports players
sportivo, -a	sporty
il premio	prize
la medaglia	medal
la bottiglia	bottle

A 4

dovere	must, to owe
accompagnare	to accomany
la nonna	grandmother
in campagna	in the country
la campagna	countryside
divertente *m/f*	amusing
stanco, -a *Plur:* -chi, che	tired
passare	to spend
andare a trovare qu	to visit someone
fino alle dieci	until ten o'clock
giocare (a tennis)	play tennis

A 5

che piacere rivederLa!	what a pleasure to see you again
il piacere	pleasure
rivedere	to see again
sono appena tornata da Parigi	I have just returned from Paris
appena	hardly, just
che bello!	how nice
senta, . . .	listen, . . .

a cena	to/for dinner	**B**	
a cena	dinner	**stamattina**	this morning
a casa nostra	to/at our house	risolvere	to solve
/la nostro, -a	our	*Part Perf:* risolto	
una di queste sere	one of these evenings	**non importa**	it does not matter
		di solito	usually
con calma	calmly	**ti va bene?**	is it ok?
facciamo sabato?	shall we say Saturday?	**meglio** *Adv*	better
benissimo	very good	in casa Neri	at the Neri's house

ESERCIZIO 6

la posta	post office	**complimenti!**	well done!
		sa, . . . *Inf:* sapere	you know, . . .
A 6		**la lingua**	tongue, language
prego, si accomodi!	please come in and sit down	innamorato, -a (di)	in love with
		tante volte	many times
portare	to bring	**la volta**	time
dolce	sweet, cake	**dappertutto**	everywhere
che pensiero gentile!	how kind of you!	**a tavola**	at table
pensiero	thought	**Buon appetito. – Grazie,**	Good appetite
gentile *m/f*	kind	**altrettanto.**	– Thank you, likewise
salotto	lounge		
Le presento . . .	May I introduce you to . . .	**ESERCIZI 10–11**	
presentare	to introduce	il testo	text
molto lieto, -a	very happy, delighted	l'inizio	start

LEZIONE 9

A 7

tardi *Adv*	late	**A 1**	
La posso accompagnare?	May I accompany you?	**il professore,** **la professoressa**	teacher; lecturer
necessario, -a	necessary	**si alza**	he/she gets up
taxi	taxi	**alzarsi**	to get up
La ringrazio per la bellissima serata	thank you for a very nice evening	**presto** *Adv*	early
ringraziare qu	to thank someone	**la mattina**	morning
essere contento, -a di	to be happy – with	**svegliarsi**	to wake up
la visita	visit	**restare a letto**	to stay in bed
buonanotte	goodnight	**portare fuori il cane**	to put the dog out
arrivederLa	goodbye	**fermarsi**	to stop
		fare colazione	to have breakfast
		la colazione	breakfast

ESERCIZIO 7

ricostruite le frasi	reconstruct the sentences	**A 2**	
Inf: ricostruire	to reconstruct	il palazzo	apartment house; palace
A 8		i Picone	the Picone family
gentile signora, . . .	Dear Mrs . . .	**vestirsi**	to dress
inviare *1st. Pers:* invio	to send	**lavarsi**	to wash
un affettuoso saluto	with love from . . .	**suonare**	to ring
		la sveglia	alarm clock
A 9		**continua a dormire**	he/she carries on sleeping
ingegnere	engineer	**dormire** *1st Pers:* dormo	to sleep
la riunione	reunion, meeting	**è già uscito**	he has already left
Le telefono	I will telephone you		
telefonare a qu	to telephone someone		

ESERCIZIO 1

andare fuori	to go out

A 3

come vi trovate a Torino?	how do you like Turin? (*main city of Piemonte*)
trovarsi	to find
andare a scuola	to go to school
ormai	by now
ci siamo abituati al clima	we are used to the climate
abituarsi a	to get used to
il clima	the climate
mia suocera	my mother-in-law
invece	she was not happy there
si è trovata male	she found difficulties
male *Adv*	bad

ESERCIZIO 2

nel pomeriggio	in the afternoon
uscire dall'ufficio	to leave the office
tornare a lavorare	to return to work

A 4

i miei nonni	my grandparents
il nonno, la nonna	grandfather, grandmother
i loro figli	their children
il figlio, la figlia	son, daughter
il padre	father
la madre	mother
lo zio, la zia	uncle, aunt
il cognato, la cognata	brother-in-law, sister-in-law
il fratello	brother
la sorella	sister
il cugino, la cugina	cousin
il/la nipote	nephew, niece

A 5

sentirsi (solo, -a)	to feel (alone)
i Suoi genitori	your parents
stare	to live
il paese	village
Novara	(*town in Piemonte*)
unico, -a	only
litigare	to argue

ESERCIZI 3–4

il matrimonio	wedding, marriage
dalla Calabria	from Calabria
sposarsi	to marry
Pordenone	(*town in Friuli*)
i suoceri	parents-in-law
Ostia	(*port near Rome*)

A 6

i tuoi parenti	your relatives
domani mattina	tomorrow morning
li vado a prendere	I'm going to collect them
andare a prendere qu	to go and fetch/collect someone
l'ospite *m/f*	guest
vecchio, -a	old
non lo conosco ancora	I do not know him yet
un tipo simpatico	a nice chap
il tipo	chap

A 7

niente	nothing
mettere in ordine *m*	to put in order, tidy
il fine settimana *un*	weekend
occuparsi di	to busy oneself with
fare le pulizie	to do the cleaning

B

tutti e due	both
per motivi economici	on financial grounds
il motivo	ground, reason
economico, -a	economic
certo che ...	of course ...
i nostri ruoli non sono ben definiti	our roles are not clearly defined
incominciare (a) = cominciare (a)	to begin
svegliare	to wake
controllare	to check
se	if
per primo, -a	first of all
il caos	chaos
nervoso, -a	nervous
per fortuna	luckily
il paesino	village
lo spazio	space
tanto verde	so much green
i cuginetti	little cousins
per tutto il giorno	the whole day (long)

ESERCIZI 8–9

forse	perhaps
dalla parte della moglie	from the wife's point of view

ESERCIZIO 10

divorziato, -a	divorced
sposato, -a	married
il compromesso	compromise
ritrovare	to find again
pensare (di)	to think (of)
il modo di vivere	way of life
il modo	way

A 1

comincia … !	begin … !
l'estate f	summer
chiedi il catalogo!	ask for the catalogue
chiedere Past Part: chiesto	to ask
il Vacanziere	(name of an Italian travel brochure)
prenotare	to book
per tempo	timely
presso tutte le agenzie di viaggi	at all travel agencies
presso	at
l'agenzia	agency
il viaggio	trip, journey
cambiare	to change
noleggiare	to hire
il camper	dormobile
va'! Inf: andare	go!
il mondo è tuo!	the world is yours
il mondo	the world
prendete il treno!	take the train
F.S. (Ferrovie dello Stato)	(state railway)
nel Lazio	in Lazio (region in central Italy, of which Rome is the capital)
visitate la Ciociaria!	visit the Ciociaria (area in south Lazio)
la spiaggia Plur: spiagge	beach
deserto, -a	deserted
in Basilicata	in Basilicata (region in south Italy)
in Sardegna	in/to Sardinia
l'aereo	airplane
Alisarda	(Sardinian airline)
avere bisogno di qc	to need something
la pace	peace
il silenzio	silence
vieni! Inf: venire	come!
in Val D'Aosta	in the Aosta valley
la valle	valley
decidere Past Part: deciso	to decide
le ferie	holidays

ESERCIZIO 1

il consiglio	advice
Puglia	Puglia (region in south Italy)
mezza pensione	half board

A 2

amare	to love
la natura	nature
danneggiare	to damage
il fiore	flower
l'albero	tree
inquinare	to pollute
le acque	waters
accendere Past Part: acceso	to light
il fuoco Plur: -chi	fire
nei boschi	in the woods
il bosco	wood
lasciare	to leave (behind)
i rifiuti	refuse, rubbish
il prato	meadow
respirare	to breathe
non fumare	no smoking

A 3

Tabacchi	tobacconist's
la cartolina	postcard
il francobollo	stamps
il Brasile	Brazil
la Svezia	Sweden
gli Stati Uniti	United States

A 4

Vieste	(resort in Puglia)
sul Gargano	on Gargano (mountainous peninsula in Puglia)
da dieci giorni	for ten days
Bari	(main city of Puglia)
mettere a disposizione f	to put to someone's disposal
il tempo è bellissimo	the weather is very good
facciamo molti bagni	we bathe a lot
fare il bagno	to bathe
riposarsi	to rest
che tempo fa da voi?	what is the weather like with you?
l'indirizzo	address
Sondrio	(town in Lombardia)
usare	to use
il CAP (Codice di Avviamento Postale)	post-code
c'è il sole	the sun is shining
fa caldo	it is hot
piove	it is raining
fa freddo	it is cold
che brutto tempo!	what bad weather!

A 5

hai scritto a Giacomo?	have you written to Giacomo?
gli ho scritto due giorni fa	I wrote to him two days ago

ESERCIZIO 5

mandare	to send
il biglietto di auguri	good luck card
la bibita	drink
essere stufo, -a di qc	to be fed up with sth
fare la fila	to queue
la fila	queue

A 6

vi è piaciuta la Puglia?	did you like Puglia?
Inf: piacere	
ci sono delle spiagge bellissime	there are beautiful beaches
fra quindici giorni	in a fortnight

ESERCIZIO 6

Castel del Monte	(*castle built in about 1250 by Friedrich II*)
il monte	mountain
le grotte di Castellana	caves of Castellana
la chiesa di Santa Croce	church of the Holy Cross
la croce	cross
i trulli	(*round, stone houses with one room*)
il porto	port
le isole Tremiti	Tremiti islands
l'isola	island
Lecce, Alberobello, Taranto	(*towns in Puglia*)

ESERCIZI 8–10

il progetto	project
finito, -a	finished
buon compleanno!	happy birthday

B

la montagna	mountain
ad Alassio	to Alassio (*town on the Ligurian Sea*)
proprio quest'anno	just this year
tutti i miei amici	all my friends
fate pure	do so, go by all means
senza di me	without me
la ragazzina	little girl
discutere *Past Part:* discusso	to discuss

autoritario, -a	authoritative
il papà	daddy
i tempi sono cambiati	the times have changed
ragionare	to consider
cercare di fare qc	to try to do something
sono anni che ...	it is years since ...
grazie ai vostri compromessi	thanks to your compromises
faccio quello che volete voi	I will do what you want
pieno, -a di	full, of
il menù	menu
sù!	now! come on!
esagerare	to exaggerate
l'allegria	happiness
le stesse persone	same people
queste cose	these things
lo stesso, la stessa	the same
queste cose	these things
la cosa	the thing
scegliere *Past Part:* scelto	to choose
genuino, -a	genuine
vi va l'idea?	what do you think about it?
da qui ad agosto	from today till August

ESERCIZI 13–15

a 14 anni	14 years old
il luogo *Plur:* -ghi	place
il dépliant	brochure
come tutti gli anni	like every year
quali posti?	which places?

ESERCIZIO 16

Cogne	(*town in the Aosta Valley*)
Gran Paradiso	(*mountains in the sou_ Aosta Valley*)
la torre	tower
i nuraghi	(*prehistoric formation_ in Sardinia*)
il lago *Plur:* -ghi	lake
greco, -a	Greek

LEZIONE 11

A 1

partire *1st Pers:* parto	leave
prossimo, -a	next
da quale binario?	what platform?

Tabellone:	timetable noticeboard
TEE (Trans-Europ-Express)	TEE
EXPR = il treno espresso, l'espresso	express train
Loc = il treno locale, il locale	local train
via Pisa	via Pisa
la posso aiutare a portare le valigie?	can I help you carry the cases?
aiutare qu	to help someone
la valigia	suitcase
ufficio informazioni	information office
informazione f	information
gabinetto	toilet
deposito bagagli	left-luggage office
bagaglio	luggage
prenotazioni posti cuccetta	book seats for couchettes
la prenotazione	booking, reservation
la cuccetta	couchette
la sala d'attesa	waiting room
la biglietteria	ticket office
chiuso Inf: chiudere	closed

A 2

un biglietto di andata e ritorno per ...	a return ticket for ...
biglietto	ticket
ritorno	return
seconda classe	second class
cambiare	to change
Terontola	(junction on the Florence - Rome line to change for Perugia)
in ritardo	late
la coincidenza	connection

ESERCIZIO 2

(treno) rapido	fast train
rapido, -a	fast
(treno) diretto delle 21.40	21.40 express
diretto, -a	direct
aspettare	to wait

ESERCIZIO 3

ascoltare qc	to listen to sth
su quale binario?	on which platform?
proveniente da	coming from

A 3

nuova Scirocco	(names of makes of cars are feminine in Italian)
più bello, -a	more beautiful
da domani	from tomorrow
la benzina	petrol
aumentare (a)	to go up (prices)
i mezzi pubblici	public transport
il mezzo	means
pubblico, -a Plur: -ci, -che	public
guidare	to drive
sicuro, -a	sure
da fuori	from outside
meno caro	cheaper
veloce m/f	fast
troppo	too long

ESERCIZIO 4

pratico, -a Plur: -ci, -che	practical
la gita	trip

A 4

sul lago di Garda	on Lake Garda
l'aliscafo	hydrofoil
moderno, -a	modern
pittoresco, -a Plur: -chi, -che	picturesque
i treni rapidi più moderni	the fastest, most modern trains
silenzioso, -a	silent
Alitalia	(Italian airline)
la categoria	category
offrire 1st Pers: offro	to offer
ai prezzi più bassi	at the lowest prices
basso, -a	low

ESERCIZIO 5

la pubblicità	advertising
elegante m/f	elegant
famoso, -a	famous
scegliere (1st Pers: scelgo; Past Part: scelto)	to choose
la Giulietta	(make of car)
l'Umbria	Umbria
la regione	region

A 5

la stazione di servizio	service station
aperto, -a	open
aprire 1st Pers: apro	to open
il pieno, per favore	fill it up, please
senta	listen ...; hear this ...
Tortona	(town in Piemonte)

prenda l'autostrada!	take the motorway!
continui sempre dritto	continue straight on
il semaforo	traffic lights
il casello	tollgate

l'incrocio	crossroads
vada ...! *Inf:* andare	go!
chiedere a qu	ask someone
if vigile	policeman

l'uscita	exit
il pagamento	payment
il pedaggio	toll

una gomma a terra	flat tyre
la gomma	tyre
a terra	flat
il faro	headlight
il guasto	failure, breakdown
il motore	motor, engine

ESERCIZIO 6

Caserta	(*town in Campania*)
mettere su	to put on
sul treno	on the train
fare il pieno	to fill up

ESERCIZIO 7

la pianta della città	plan of the town
il/la turista	tourist

A 6

Onda verde	'green wave' (*programme for motorists*)
l'incidente *m*	accident
la statale adriatica	(*national road on the Adriatic coast*)
al chilometro 25	at 25 kilometres
il traffico	traffic
intenso, -a	intensive
la direzione	direction
l'ingorgo *Plur:* -ghi	traffic jam
Salerno	(*town in Campania*)
la coda	queue
il valico di frontiera *Plur:* -chi	frontier crossing point
la frontiera	border

ESERCIZI 8–9

prima della partenza	before the departure
gli dice di fare attenzione (a)	she tells him to take care
l'attenzione *f*	attention
andare forte	go quickly
forte *m/f*	strong
la moto *un*	motorbike
la pausa	break
salutare	to greet
la mamma	mummy

ESERCIZIO 9

buone vacanze!	enjoy your holidays!
la radio *un*	radio
consigliare (di)	to advise
chiudere a chiave	to lock
dare	to give

divieto di transito	no through road
sosta vietata	no stopping
dal lato della cifra „I''	on the side with the number 'I'
i giorni di data dispari	on days with odd numbered dates (1/3/5)
i giorni di data pari	on days with even numbered dates (2/4 ...)
alt	stop
avanti	forwards
divieto di sorpasso	no overtaking
l'autoveicolo	vehicle

B

via (da)	way (from)
pazzo, -a	mad
il primo turno	first shift
salire (su)	go up, climb
1st Pers: salgo	
essere fermo, -a	to be at a standstill
il mattino = la mattina	morning
le mogli *Sing:* moglie	wives
via!	away!
industriale *m/f*	industrial
ogni anno	every year
ogni *un*	every
migliaia di	thousands of
l'automobilista *m/f*	driver
la fabbrica	factory
il periodo	period
ma ecco appena fuori dalla città	but hardly out of the town
entrare	to enter
delle ore	for hours
il forno	oven
piangere *Past Part:* pianto	to cry
la condizione	condition
pericoloso, -a	dangerous

eppure	and even
odiato, -a	hated
evitare	to avoid
trasmettere *Past Part:* trasmesso	to transmit (send)
la situazione	situation
la Società Autostrade	(*motorway society*)
lanciare	to start
la campagna pubblicitaria	advertising campaign
dal titolo . . .	entitled . . .
intelligente *m/f*	intelligent
il motel *un*	motel
ricevere	receive
il volantino	leaflet
indicare *1st Pers:* indico	to point
critico, -a *Plur:* -ci, -che	critical
originale *m/f*	original
organizzare	to organise
il letto di fortuna	makeshift/temporary bed
distribuire *1st Pers:* distribuisco	to distribute, give out
il pasto	meal

ESERCIZI 10–13

l'autostrada del sole	(*'motorway of the sun', from Milan to Naples*)
Prato	(*town in Toscana*)
a pochi chilometri da Firenze	a few kilometres from Florence
state buoni!	be good!
il casello autostradale	motorway tollgate
stradale *m/f*	street
al giorno	daily
l'autogrill *un*	motorway services
la storia	story

LEZIONE 12

A 1

proprio qui	it is just here
Todi	(*town in Umbria*)
si spende molto?	is it expensive?
si mangia bene	the food is good
piuttosto *Adv*	rather
il tavolo	table
accomodatevi qui *Inf:* accomodarsi	please sit here

A 2

apparecchiare la tavola	to set/lay the table
la tavola	table
la tovaglia	tablecloth
il tovagliolo	serviette
il bicchiere da acqua	glass for water
il bicchiere da vino	wine glass
il piatto	plate
la forchetta	fork
il coltello	knife
il cucchiaio	spoon
il cucchiaino	teaspoon

ESERCIZIO 2

il regalo	gift
il servizio	service
la posata	setting
la ricetta	recipe

A 3

come primo	as a first course
gli gnocchi	(*small dumplings made from flour and potatoes*)
fatto in casa	homemade
e da bere?	and to drink?
bere *1st Pers:* bevo	to drink
rosso, -a	red

A 4

il brasato	braised meat
non so ancora	I do not know yet
sapere	to know
il manzo	beef
la bistecca	steak
al sangue	rare
il sangue	blood
ben cotto, -a	well cooked
l'ossobuco	knuckle of veal
ordinare	to order
lo spezzatino	a type of goulash
il contorno	side dish
Lista delle vivande	bill of fare, menu
misto, -a	mixed
il melone	melon
il minestrone	(thick) vegetable soup
in brodo	in broth
al ragù	with meat sauce
le penne	type of pasta
all'arrabbiata	with a spicy sauce
la cotoletta	cutlet
la cotoletta alla milanese	Milanese cutlet

la bistecca alla fiorentina	grilled T-bone steak
l'arrosto di vitello	roast veal
l'arrosto	roast
il fegato	liver
alla veneziana	in the Venetian way
i petti di pollo	chicken breasts
il petto	breast
il pollo	chicken
bianco, -a *Plur:* -chi	white
il pesce	fish
le cozze	mussels
la sogliola	sole
fritto, -a	fried
il pesce spada	swordfish
all griglia	grilled
le patatine (arrosto)	fried potatoes
i finocchi	fennel
le melanzane	aubergines
formaggi assortiti	assorted cheeses
il dolce	dessert, sweet, cake
dolce *m/f*	sweet
di stagione *f*	in season
la macedonia	fruit salad
la zuppa inglese	trifle
la zuppa	soup
servizio compreso	service included

ESERCIZIO 3

il sugo	sauce
il peperoncino	chili pepper
il pezzo	piece
il salame	salami

A 5

ci porti della frutta	bring us some fruit
un amaro	liqueur
amaro, -a	bitter
l'uva	grape
il conto	bill

ESERCIZIO 5

ti dispiace?	is that ok by you?
alla fine	at the end
la fine	end

A 6

l'errore	mistake
la ricevuta	receipt
il coperto	cover, set place

B

il locale	restaurant
tipicamente *Adv*	typically
rispecchiare	to reflect
il gusto	taste
raffinato, -a	refined
semplice *m/f*	simple
richiedere *Past Part:* richiesto	to demand, request
gli ingredienti	ingredients
non solo ...	not only ...
ma anche ...	but also
la partecipazione	participation
personale *m/f*	personal
da parte di chi li prepara	on the part of the person who prepares them
il proprietario	owner
che sa ...	who knows ...
sapere	to know
il sapore	flavour, taste
lungo, -a *Plur:* -ghi	long
la specialità *un*	speciality
regionale *m/f*	regional
con cura	with care
affrontare	to come up against
la concorrenza	competition
la tavola calda	type of fast food restaurant
i locali ,,fast-food''	fast food restaurants
di importazione americana	imported from America
da poco	recently
il punto d'incontro	meeting place
un paio di ...	a pair of ...
lo spettacolo	spectacle, show
limitato, -a	limited
o ... o ...	either ... or ...
il banco	counter
in piedi	standing
ultimo, -a	latest
la novità *un*	novelty
soprattutto	above all
i ragazzini	youths
andare pazzo, -a per	to be crazy for
il modello	model
le patatine	chips
la mancanza di tempo	lack of time
l'aumento	increase
il desiderio	wish
essere alla moda	to be in fashion
la moda	fashion
l'abitudine *f*	habit

ESERCIZIO 8

festeggiare	to celebrate

A 1

ambiare	to change
marco	mark
documento d'identità	identity card
eccolo	here it is
cambio	exchange
si accomodi pure alla cassa	please go to the till
a banconota	banknote
a moneta	money, coins
piccioli *m Plur*	cash, change

ESERCIZIO 1

a patente, prego	your driving licence, please

A 2

a giacca/giacchetta	jacket
giaccone	(long) jacket
eleste pastello *un*	pastel blue
eleste *m/f*	pale blue
camicetta	blouse
seta	silk
motivo	pattern
eometrico *Plur:* -ci	geometric
gonna	skirt
altezza	height
ginocchio	knee
borsetta	handbag
borsa	bag
baschetto	beret
colore	colour
marrone *un*	brown
cappotto	coat
lana	wool
pantaloni	trousers
velluto a coste	corduroy
sciarpa	scarf
iallo senape *un*	mustard yellow
iallo, -a	yellow
cintura	belt
cuoio	leather
hiaro, -a	clear
scarpa	shoe
completo	suit
pezzato, -a	coordinated
righe verticali	striped
cotone	cotton
ottile *m/f*	thin
calze	stockings, socks
curo, -a	dark
cappello	hat
ero, -a	black
rigio, -a	grey
rancione *un*	orange coloured

rosa *un*	pink
viola *un*	violet
blu *un*	blue
azzurro, -a	light blue
verde *m/f*	green
scozzese *m/f*	Scottish, tartan
a quadri	checked
in tinta unita	one colour

A 3

saldi *m Plur*	sales
il saldo	payment in full, balance
abiti da uomo e da donna	men's and women's clothes
l'abito	suit, dress
favoloso, -a	incredible
il/la cliente	customer
provare	to try
da 40.000 lire	at 40,000 Lire
la vetrina	shop window
la taglia	size
pure	now
sembrare	to appear, seem
stretto, -a	narrow, tight
corto, -a	short
mi faccia provare ..	let me try …
non c'è più	there aren't any more

ESERCIZI 2–3

il vestito	suit, dress
l'abbonamento	subscription

A 4

il maglione	pullover
lungo, -a *Plur:* -ghi	long
quello rosso ti sta meglio	the red one suits you better
davvero?	really?
prendo quello	I'll take that one
quanto viene?	how much does it cost?
lo sconto	discount

ESERCIZIO 4

l'impermeabile *m*	raincoat

A 5

quei sandali	those sandals
il numero	size
i soldi	money
prestare	to lend

ESERCIZIO 5

qualcosa di bello	something nice
colorato, -a	coloured

A 6

calzature *f Plur*	shoes, footwear
prezzi fissi	fixed prices

un paio *Plur:*	a pair
due paia *f*	two pairs
portare	to wear
mi faccia vedere	let me see something
qualcos'altro	else
ma quelle mi piacciono	but I like those
di più	more
indeciso, -a	undecided
ci penso	I will think about it

ESERCIZIO 7

l'abbigliamento	clothing
l'argomento	argument

ESERCIZI 8–9

l'abito da sera	evening dress
regalare	to give a present
la scatola	box

B 1

il collo	neck
riconoscere (da)	to recognise (by)
un motivo ornamentale	fashionable attribute
molto richiesto, -a	much in demand
il metro	metre

B 2

l'intervista *m*	interview
il direttore	manager, director
a contatto con	in contact with
prevedere	to foresee
il pubblico	public
vendere	to sell
accontentare	to satisfy
ritornare	to return
frequentare	to frequent, visit
la roba	stuff, things
in genere	in general
diverso, -a (da)	different (from)
alla portata di tutti	within everybody's reach
la portata	reach
firmato, -a	signed
capi esclusivi	exclusive articles
gli accessori	accessories
l'anno scorso	last year
scorso, -a	last
che cosa va di moda?	what is in fashion now?
quindi	therefore
andare forte	to go well
turchese *un*	turquoise
possibile *m/f*	possible
i laureati in legge	law graduates
l'architetto	architect
il poeta	poet

sciupato, -a	threadbare
timido, -a	shy
insomma	in brief
secondo Lei	in your opinion
credere	to believe
in realtà	in reality
seguire qu/qc	to follow someone/
1st Pers: seguo	sth
il cliché *un*	cliché
io la penso cosi	I think so
di una volta	in the past
in fondo	basically
che cosa c'è di male?	what is wrong with it?

ESERCIZI 12–15

lo scialle	shawl
preferito, -a	preferred
andare con i tempi	to go with the times
fuori dal tempo	old fashioned
mettersi qc	put sth on
andare d'accordo	to be in agreement
il temperamento	temperament
l'opinione *f*	opinion

LEZIONE 14

A 1

la bambola	doll
morto, -a	dead
la malattia	illness
sconosciuto, -a	unknown
meraviglioso, -a	marvellous
l'avorio	ivory
alto, -a	tall
il centimetro	centimetre
il corpo	body
ben proporzionato, -a	well proportioned
la gamba	leg
il braccio *Plur:*	arm
le braccia	
snodabile *m/f*	moveable (limbs)
il viso	face
ovale *m/f*	oval
l'occhio	eye
il naso	nose
la bocca	mouth
espressivo, -a	expressive
ben caratterizzato, -a	well carved
i capelli	hair
raccolto, -a	tied up
l'acconciatura	hair style
l'imperatrice Faustina	Empress Faustina (104–141 AD)

coprire *1st Pers:* copro; *Past Part:* coperto	to cover
interamente *Adv,* intero, -a	whole; entirely entire
l'orecchio	ear
perfetto, -a	perfect
l'armonia	harmony
la spalla	shoulder
nel pollice	on the thumb
la mano *Plur:* le mani	hand
l'anello	ring
probabilmente *Adv.* probabile *m/f*	probably
il/la fidanzato, -a	fiancé

A 2

il/la farmacista	chemist
contro	for, against
il raffreddore	cold
la pastiglia	tablet; pastille
ogni sei ore	every six hours
queste le ho già prese	I have already taken these
qualcosa di più forte	something stronger
ci vuole la ricetta medica	you need a doctor's prescription
lo sciroppo	cough mixture

A 3

la medicina	medicine
dannoso, -a (a)	harmful (to)
la salute	health
prima di prenderle	before taking them
consultare	to consult
il medico di fiducia	family doctor
il medico *Plur:* -ci	doctor
la fiducia	trust; confidence

ESERCIZI 1–2

la forma appropriata	appropriate form
la capsula	capsule
la commedia	play
Pirandello	(*Italian writer and dramatist 1867–1936*)
la rivista	magazine

accidenti!	good gracious!
la tosse	cough
dovresti smettere di fumare *Past Part:* smesso	you should stop smoking
una buona volta	once and for all

A 4

l'ambulatorio	practice
il dottore, la dottoressa	doctor
avrei bisogno di . . .	I need to . . .

la visita	visit
l'appuntamento	appointment
potrebbe venire alle 11?	could you come at 11?

ESERCIZI 3–4

che cosa farebbe al posto mio?	what would you do in my place?
la camomilla	camomile tea
il training autogeno	autogenous training
tra = fra	between
il televisore a colori	colour tv
Rete 3	channel 3
Juventus, Roma	(*football club in Turin and Rome*)

A 5

che cosa si sente?	what is the matter?
mi fa male la gola	my throat hurts
la febbre	temperature
spogliarsi	to undress
respirare a lungo	to breathe deeply
tossire *1st Pers:* tossisco	to cough
leggero, -a	light
la bronchite	bronchitis
infiammato, -a	inflamed
prescrivere *Past Part:* prescritto	to prescribe
ne	of them
dopo i pasti	after meals

ESERCIZIO 5

ordinare	to order
la compressa	tablet
il collirio	eye drops
la goccia *Plur:* gocce	drop
il mal di testa	headache
la testa	head
non ho niente	I have nothing

A 6

bravo, -a	good
il/la pediatra	paediatrician
non conosco nessuno	I do not know anybody
senz'altro	certainly
il/la dentista	dentist

ESERCIZIO 6

preoccupato, -a	preoccupied
litigare	to argue
malato, -a	ill

addio!	adieu!
la sigaretta	cigarette
iniziare	to start
la lega	league
la lotta	struggle
il tumore	tumour
forse è la volta buona	perhaps it is the right time
perlomeno	at least
lo schiavo	slave
sveglio, -a	awake
insomma	all in all
il pacchetto	packet
sperare	to hope
del tutto	completely
accidenti!	good gracious
un bel risultato	a good result
la volontà	will
non serve a niente	does not do anything
servire (a) *1st Pers:* servo	to serve
l'aiuto	help
il gruppo	group
praticare	to practice
la psicoterapia	psychotherapy
l'ipnosi *f*	hypnosis
l'agopuntura	acupuncture
prima di tutto	above all
continuamente *Adv*	continually
il fumo	smoke
il cancro	cancer
i polmoni	lungs
un bel po' di soldi	nice little sum of money
gli affari	business
dare fastidio (a)	to annoy, bother
completamente *Adv*	completely
altro che . . . !	not at all
il simbolo	symbol
la virilità	virility
la personalità	personality

ESERCIZI 8–12

fra *or* tra	between; among
Bacco	Bacchus; wine
Venere	Venus; love
ridurre (in) *1st Pers:* riduco	to reduce
la cenere	ash
il/la paziente	patient
fumatori	smokers
oppure	or
l'amore *m*	love
farsi male	to hurt (oneself)
il dito *Plur:* le dita	finger
sotto stress	under stress
la cura dimagrante	slimming diet

A 1

affittasi	to let
affittare	to rent, to let
ammobiliato, -a	furnished
la zona	zone, area
uso servizi	use of kitchen and bathroom
l'uso	use
i servizi	facilities
periodi brevi	brief periods
breve *m/f*	brief, short
mensile *m/f*	monthly
l'armadio	cupboard
il cassetto	drawer
la scrivania	writing desk
la lampada	lamp
la poltrona	armchair
il quadro	picture
le tende	curtains
arredare	to furnish
a due passi da	very close to
il passo	step
l'affitto	rent
il riscaldamento	heating
la luce	light
usare	to use
naturalmente *Adv*	naturally

ESERCIZIO 1

centrale *m/f*	central

A 2

il tetto	roof
la finestra	window
la porta	door
vendesi	for sale
rivolgersi a *Past Part:* rivolto	to apply to
finito, -a	finished
il pavimento	floor
davanti	in front of
dietro	behind
previsto, -a	planned, intended
il giardino	garden
l'interno	interior

A 3

la cantina	cellar
il pianterreno	ground floor
il primo piano	first floor
le scale	stairs
l'angolo pranzo	eating area
l'angolo	corner
là	there
in fondo	at the bottom

dare su	(window, door) look, give out, onto
sopra	above
altro, -a	other
lo studio	study
sotto	under
la stanza	room
davanti a	in front of

ESERCIZIO 2

la confusione	confusion
ladro	thief
mamma mia!	my goodness!

4

odiare	to hate
all'alba	at dawn
interessarsi di	to interest oneself in
la politica	politics
il partito	party
uguale m/f	the same
la TV	television
adattato (da)	adapted from
Espresso	(Italian magazine)

ESERCIZIO 4

la tranquillità	quiet, peace
aria	air
pulito, -a	clean
lontano da	far from
perdere Past Part: perso	to lose

5

la collina	hill
possibilmente	if possible
la terrazza	terrace
la terra	land
intorno	around
quartiere	area; neighbourhood
manifestazione	demonstration; event
incredibile m/f	unbelievable
periferia	outskirts
rumore	noise

ESERCIZIO 6

Potenza	(main city of Basilicata)

6

crisi un	crisis
alloggio	accommodation; flat
coppia	couple
insegnante m/f	teacher
primavera	in spring
dovrei sposarmi	I intend to get married

cioè	that is; namely
non si trovano appartamenti in affitto	there aren't any flats to rent
disponibile m/f	available
futuro, -a	future
disposto, -a (a)	ready; willing
qualche dubbio	some doubts
il dubbio	doubt
facilmente Adv, facile m/f	easily easy

B

Milano

eccezionale m/f	exceptional
il commerciante	businessman
il professionista	professional
lo scienziato	scientist
l'industriale	industrialist
il banchiere	banker
il finanziere	financier
la conferenza	conference
l'arte f	art
la sfilata di moda	fashion show
popolare m/f	popular, of the people
il giudizio	judgement; opinion
emotivo, -a	emotive
sporco, -a Plur: -chi	dirty
trascurato, -a	neglected
(in)efficiente m/f	(in)efficient
con qualche ayatollah in meno e qualche grattacielo in più	with a few Ayatollahs less and a few more skyscrapers
il misto	mixture
Stoccolma	Stockholm
polemizzare	to argue
Camilla Cederna, Giorgio Bocca	(Italian journalists)

Roma

eterno, -a	eternal
l'inquinamento	pollution
la povertà	poverty
la ricchezza	wealth
la speculazione	speculation
il divertimento	entertainment
il giornalaio	newspaper seller
il barista	barman
con te	with you
democratico, -a Plur: -ci	democratic
internazionale m/f	international
esistere	to exist

Napoli

risolvere Past Part: risolto	to solve
il cuore	heart

uscire *1st Pers:* esco | to go out
il vicolo | alley (narrow)
il contrabbandiere | smuggler
la prostituta | prostitute
sopravviere | to survive
l'indifferenza | indifference

ESERCIZI 9–10
la conoscenza | knowledge
la descrizione | description
culturale *m/f* | cultural
la caratteristica | characteristic, feature

LEZIONE 16

A 1
Ovindoli, Avezzano | (*places in Abruzzo*)
la neve | snow
lo sci | ski
la sciovia | skilift
la seggiovia | chairlift
ottimo, -a | excellent
la pista | slope
la pista di fondo | cross-country ski track
il fondo | cross-country skiing
l'escursione *f* | trip
tutto l'anno | all year
tutti i comforts | every comfort
folcloristico, -a | folklore
    Plur: -ci
la competizione | competition

ESERCIZIO 1
il vacanziere | holidaymaker
felice *m/f* | happy
le piste nere | black slopes (the most difficult)

A 2
il parco nazionale | National Park in
    d'Abruzzo | Abruzzo
ci
in inverno | in winter
non . . . mai | never

ESERCIZIO 2
Orvieto | (*town in Umbria*)
il Lago Trasimeno | (*lake in Umbria*)

A 3
la discesa libera | downhill run
la discesa | descent
rilassante *m/f* | relaxing

ESERCIZIO 3
il calcio | football
il basket | basketball
il nuoto | swimming
la marcia | walking (sport)
il pattinaggio | skating
la boxe | boxing
brutale *m/f* | brutal

muovere *Past Part:* | to move
    mosso
chiamare | to call

A 4
durante le vacanze | during the Easter
    di Pasqua | holidays
durante | during
qualche giorno | a few days
iscriversi (a) *Past | to join
    Part:* iscritto
il corso di vela | sailing course
sciare | to ski
il cielo | sky

ESERCIZIO 4
giocare a carte | to play cards

A 5
le previsioni del tempo | weather forecast
la temperatura riprende | the temperature is
    a diminuire | falling again
riprendere *Past Part:* | to start again
    ripreso
diminuire *1st Pers:* | to decrease
    diminuisco
la nebbia | fog
in Val Padana | in the Padana Valley
la nevicata | snowfall
le Alpi | Alps
l'Appennino tosco- | Appennines in
    emiliano | Toscana and Emilia Romagna

al di sopra di | above
la pioggia | rain
l'Adriatico | the Adriatic
settentrionale *m/f* | northerly
sereno, -a | clear
nuvoloso, -a | cloudy
meridionale *m/f* | southerly
mosso, -a | rough (sea)
occidentale *m/f* | westerly
il Mar Ligure | Ligurean Sea
il Mar Tirreno | Tyrrhenian Sea
il Mar Adriatico | Adriatic Sea
il Mar Jonio | Ionian Sea

ESERCIZIO 5
nevicare | to snow

lo sport	sport
a me	me, to me
la piscina	swimming pool
mantenersi in forma	to stay fit
giocare a bocce	to play bowls
la boccia	bowl
a volte	sometimes
allenarsi	to train
il sogno	dream
vincere *Past Part:* vinto	to win
il campionato	championship

ESERCIZI 6–7

il centrocampo	midfield
verso le cinque	towards five
secondo lui	according to him
il Giro d'Italia	tour of Italy
il giro	tour
la gara	competition
la fantasia	fantasy
la regola	rule

dopo-mondiale	after the World Championship
"un sogno di mezza estate"	'A Midsummer Nights Dream'
trionfo di Madrid	triumph of Madrid (*Italy won the World Cup in Madrid in 1982*)
impazzire (di)	to go mad about
la gioia	joy
magico, -a *Plur:* -ci	magic
durare	to last
la tassa	tax
inflazione *f*	inflation
così via	and so on
ciclismo	cycling
la ruota	wheel
attraversare	to cross
paese	country
incassare	to make (money), to cash
rischiare	to risk
mi piace da morire	I like it immensely
morire *Past Part:* morto	to die
atleta	athlete
soltanto	only
vittima	victim
colpevole *m/f*	guilty
campione	champion
erba	budding
vinca il minore	the youngest should win
trasformare (in)	to change
aspettativa	expectation

lo sponsor	sponsor
spingere *Past Part:* spinto	to push, pushed
l'abbigliamento	clothing
la tuta	tracksuit
i pantaloncini	sports shorts
i calzettoni	knee socks
l'esercito	army
l'esclusiva	exclusivity
in attività	active

ESERCIZIO 8

il titolo	title
l'articolo	article
la foto(grafia)	photo
riferirsi (a) *1st Pers:* mi riferisco	to refer to
la magia	magic
il pericolo	danger
l'industria	industry
la tecnica	technique

ESERCIZI 9–11

la vittoria	victory
in che modo?	in what way?
il/la vicino, -a	neighbour

LEZIONE 17

ESERCIZIO 1

le preferenze	preferences
fare da mangiare	to make something to eat
la galleria	gallery

A 2

gli zampognari	bagpipes players
per le strade	on the streets
ai miei tempi	in my youth
andavano di casa in casa	they went from house to house
suonare	to play (an instrument)

ESERCIZIO 2

quando ero bambino, -a	when I was a child
Natale *m*	Christmas
da bambino, -a	as a child
il disegno	drawing
la candela	candle

cantare	to sing
i dolci	cakes
suonare il piano	to play the piano
il violino	violin
il flauto	flute
Buon Natale!	Happy Christmas

A 3

il carnevale	carnival
la tradizione	tradition
far festa	to celebrate
antico, -a *Plur:* -chi	ancient
il viaggiatore	traveller
di un tempo	in the past
il canale	canal
i festeggiamenti	celebrations
il corteo	procession; train
la barca	boat
la gondola	gondola
celebrare	to celebrate
il nemico *Plur:* -ci	enemy
l'elezione *f*	election
il doge	doge (*ruler of the former Venetian Republic*)
l'arrivo	arrival
l'ambasciatore	ambassador
il re *un*	king
la rappresentazione	show
il palcoscenico	stage

B

il passato	past
il secolo	century
i Romani	Romans
il dio Saturno	the god Saturn
in quel giorno	on that day
capovotto	upside down
lo schiavo	slave
il diritto	right
il padrone	master; owner
l'attore *m*	actor,
l'attrice *f*	actress
improvvisato, -a	improvised
rappresentare	to perform
lo spirito	ghost
la maschera	mask
il lutto	mourning
l'angoscia	anguish
religioso, -a	religious
l'origine *f*	origin
il presepe	crib
vivente *m/f*	living
la scena	scene
la passione di Cristo	Christ's Passion
la parte	part
il Medio Evo	Middle Ages
il/la solo, -a	the only

storico, -a	historical
Plur: -ci	
il personaggio	character
fare rivivere	bring to life; relive
il ricordo	memory
la realtà	reality
Arezzo	(*town in Toscana*)
la Giostra del Saracino	tournament of Saracen (*festival in Arezzo*)
la battaglia	battle
il pirata	pirate
saraceno, -a	Saracen
la paura	fear
la morte	death
lungo	long
la costa	coast
Assisi	(*town in Umbria*)
il salto	jump
indietro	back, backwards
il Rinascimento	Renaissance
come allora	as then
non bisogna dimenticare	one should not forget
dimenticare *1st Pers:* dimentico	to forget
la sagra	festival
paesano, -a	of the country, provincial
l'occasione *f*	occasion, opportunity
ritrovarsi	to come together
divertirsi	to enjoy oneself
locale *m/f*	local
l'elemento	element
in comune	common
vicino, -a	neighbouring
la bancarella	stall
all'aperto	outdoors
la banda	music band
i fuochi artificiali	fireworks
il ballo	dance

ESERCIZI 4–5

i Turchi	Turks
ballare	to dance
politico, -a	political
Plur: -ci	
notare	to notice
la differenza	difference
l'allegria	happiness
spontaneo, -a	spontaneous
mascherarsi	to disguise oneself, to dress up

Notes on Pronunciation

	Position	Sound		Examples
c	before e, i	[tʃ]	as *ts* in *pets*	cena, cinema, pace, dodici
	otherwise	[k]	as in English	casa, corso, cura, crema
ch		[k]		che, anche, chilo
ci	before vowel	[tʃ]	(*i* is silent)	ciao, Francia, cioccolata
g	before e, i	[dʒ]	as *ds* in *lads*	gelato, gente, Gina
	otherwise	[g]	as in got	grazie, gusto, gara
gh		[g]		ghiaccio, funghi, spaghetti
gi	before vowel	[dʒ]	(*i* is silent)	giorno, mangiare, ciliegie
gli		[ʎ]	as *ll* in *million*	famiglia, biglietto
gn		[ɲ]	as *io* in *onion*	signora, ogni
h			(*h* is silent)	hotel; ho, hai, ha, hanno; chi
qu		[ku̯]	(*u* is easily audible)	questo, acqua
r		[r]	rolled-r	rosa
sc	before e, i	[ʃ]	as *sh* in *ship*	scena, sciroppo
	otherwise	[sk]	as *sk* in *skate*	scusi, sconto, tedesco
sch		[sk]		scherzo, Ischia, tedeschi
sci	vor Vokal:	[ʃ]		scialle, sciupato
v		[v]	as in *very*	vero, vario

- The vowels (*a, e, i, o, u*) are pronounced clearly in Italian.
- A group of two vowels (e.g. *ae, au, ei, eu, ie*) that are pronounced as a compound sound are called a diphthong: *aereo, pausa, lei, Europa, siete*.
- Double consonants, e.g. (*bb, cc, dd, ff*) have the same sound as one consonant yet are pronounced more strongly and longer.

Accents

o Some words have the stress on the last syllable which is shown by an accent: *città*, *perché*, *più*, *può*;

é depicts a sounded closed *e*: *perché*;

è depicts a sounded open *e*: (like in bell): *caffè*

o Differentiate:

è	*is*	– *e* and	*sì*	yes	– *si* self, one
là	*there*	– *la* the	*dà*	gives	– *da* of, from, by

Alphabet

A [a]	E [e]	I [i]	M ['ɛmme]	Q [ku]	U [u]	Y ['ipsilon]
B [bi]	F ['ɛffe]	J [i l'luŋgo]	N ['ɛnne]	R ['ɛrre]	V [vu]	Z ['dzɛːta]
C [tʃi]	G [dʒi]	K ['kappa]	O [ɔ]	S ['esse]	W [vu d'doppjo]	
D [di]	H ['akka]	L ['ɛlle]	P [pi]	T [ti]	X [iks]	

J, *K*, *W*, *X*, *Y* appear only in words of foreign origin.

Phonetic Alphabet

[:] means that the preceding sound is long

['] means that the following syllable is stressed

Vowels

[a] fatto: as in *ask*

[aː] Milano: as in *cat*

[e] stesso: closed *e*, as in *age*

[eː] lento: open *e*, as in *bell*

[ɛ] a destra: open *e*, as in *desk*

[ɛː] bene: open *e*, as in *sent*

[i] idea: as in *idea*

[iː] litro: as *ee* sound in *feet*

[o] mondo: closed *o*, as in *dote*

[oː] oca: open *o*, as in *hot*

[ɔ] otto: open *o*, and similar to *o* in *pot*

[ɔː] poco: long open *o*

[u] uno: like *oo* in *moon*

[uː] unico: like *oo* in *coot*

Half Vowels

[i̯] piatto: [i] audible i and u preceded or followed by another vowel are half vowels

[u̯] questo: [u] audible

Consonants

[b] bello: as in *been*

[d] dare: as in *deacon*

[dʒ] gente: as in *gin*

[dz] zeta: as *ds* in *lads*

[f] foto: as in *far*

[g] gara, ghiacco: as in *got*

[ʎ] figlia: as *li* in million

[ɲ] bagno: as *ni* in *onion*

[k] corso, chi: English *k* is usually replaced by (chilo – kilo)

[l] lana: as in *land*

[m] magro: as in *matter*

[n] nord: as in *north*

[ŋ] inglese: as in *long*

[p] pasta: as in Peter

[r] Roma: *r* is always rolled or trilled

[s] casa, soldi: unvoiced *s* as in *soap*

[z] caso: voiced *s* as in *rose*

[ʃ] scendere, lascio: same sound as English *she*

[t] foto: as in English *tea*

[ts] zucchero: similar to English *pets*

[tʃ] voce: like *ch* in *church*, pronounced without aspiration

With double consonants the sound is given twice, e.g. *ecco* [ekko], *pubblico* [pubbliko]. In certain cases the consonants at the beginning of the word is pronounced as a double consonant, e.g. *a Roma* [a r'roːma].

The numbers and letters indicate the lesson and place where the word first appears.
Abbreviations: E = Esercizio, P = Page, § = Grammar)
Words in bold belong to the learning vocabulary list.

A

a [a] **2** A2
abbastanza [abbas'tantsa] **1** A5, **7** E5
abbigliamento [abbiʎʎa'mento] 13 E7
abbonamento [abbona'mento] 13 E3
abitare [abi'ta:re] **2** A2
abito ['a:bito] **13** A3
abituarsi [abitu'arsi] **9** A3
abitudine [abi'tu:dine] **12** B
accanto (a) [ak'kanto] **5** A2
accendere [at'tʃɛndere] **10** A2
accessori [attʃes'sɔ:ri] 13 B
accidenti! [attʃi'dɛnti[14 P120/B
accomodarsi [akkomo'darsi] **8** A6, **12** P101, 13 A1
accompagnare [akkompaɲ'ɲa:re] **8** A4/7
acconciatura [akkontʃa'tu:ra] 14 A1
accontentare [akkonten'ta:re] 13 B
accordo
   d'~ [dak'kɔrdo] **3** A1
ACI ['a:tʃi] 4 A4
acqua ['akkua] 10 A2, **12** A2
   ~ minerale [akkua mine'ra:le] **3** A2
addio! [ad'di:o] 14 B
adesso [a'dɛsso] **2** E2
Adriatico [adri'a:tiko] 11 A6, 16 A5
adulto [a'dulto] **4** A6
aereo [a'ɛ:reo] **10** A1
aeroporto [aero'pɔrto] **11** A1
affari [af'fa:ri] 14 B
affettuoso [affettu'o:so] **8** A8
affittare [affit'ta:re] **15** A1
affitto [af'fitto] **15** A1/6
affrontare [affron'ta:re] 12 B
agenzia (di viaggi) [adʒen'tsi:a (di vi'addʒi)] 4 A6, **10** A1
aggiungere [ad'dʒundʒere] 6 A1
agopuntura [agopun'tu:ra] 14 B
agosto [a'gosto] **4** A6
aiutare [aju'ta:re] **11** P90
aiuto [a'ju:to] 6 E12, **14** B
alba ['alba] 15 A4
albergo [al'bɛrgo] **4** A1
albero ['albero] **10** A2
alimentare [alimen'ta:re] 6 A5
aliscafo [alis'ka:fo] 11 A4
allegria [alle'gri:a] 10 B
allenarsi [alle'narsi] 16 A6

alloggio [al'lɔddʒo] **15** A6
allora [al'lo:ra] **1** A4, 17 B
Alpi ['alpi] 16 A5
alt! [alt] 11 P96
alta stagione ['alta sta'dʒo:ne] 4 B
altezza [al'tettsa] 13 A2
alto ['alto] **14** A1
altrettanto [altret'tanto] **8** B
altro ['altro] **4** B, 6 A4, 7 E6, 14 A6, **15** A3
alzarsi [al'tsarsi] **9** A1
amare [a'ma:re] **10** A2
amaro [a'ma:ro] (noun) 3 A2
ambasciatore [ambaʃʃa'to:re] 17 A3
ambulatorio [ambula'tɔ:rio] 14 A4
America [a'mɛ:rika] 11 A4
americano [ameri'ka:no] 12 B
amicizia [ami'tʃittsia] **7** A2
amico, -a [a'mi:ko] **7** A2/4
ammobiliato [ammobi'lia:to] 15 A1
amore [a'mo:re] **14** E11
anche ['aŋke] **2** A3/B
ancora [aŋ'ko:ra] **4** E4
andare [an'da:re] P209, **3** A1, **5** A5, 6 P46 (§ 28)
andata e ritorno [an'da:ta e rri'torno] **11** A2
anello [a'nɛllo] 14 A1
angolo ['aŋgolo] **15** A3/B
angoscia [aŋ'gɔʃʃa] 17 B
anno ['anno] **7** A3
antico [an'ti:ko] 17 A3/B
antipasto [anti'pasto] **6** A1
aperitivo [aperi'ti:vo] 5 B
aperto [a'pɛerto] **11** A5, **17** B
apparecchiare [apparek'kia:re] 12 A2
appartamento [apparta'mento] **4** A6
appena [ap'pe:na] **8** A5
Appennino [appen'ni:no] 16 A5
appetito [appe'ti:to] **8** B
appropriato [appro'pria:to] 14 E1
appuntamento [appunta'mento] **14** A4
aprile [a'pri:le] **7** A3
aprire [a'pri:re] P209, **11** A5
arancia [a'rantʃa] 6 A5
aranciata [aran'tʃa:ta] **3** A2
arancione [aran'tʃo:ne] 13 A2
architetto [arki'tetto] 13 B
architettura [arkitet'tu:ra] 2 B
argomento [argo'mento] 13 E7

aria ['a:ria] **15** E4
   ~ condizionata ['a:ria konditts io'na:ta] 4 A1
armadio [ar'ma:dio] 15 A1
armonia [armo'ni:a] 14 A1
arredare [arre'da:re] 15 A1
arrivare [arri'va:re] 6 B, **7** E8
arrivederci [arrive'dertʃi] **1** A4
arrivederLa [arrive'derla] **8** A7
arrivo [ar'ri:vo] (**11** E3), 17 A3
arrosto [ar'rɔsto] **12** P103
arte ['arte] 5 E5, **15** B
articolo [ar'ti:kolo] **16** E8
ascoltare [askol'ta:re] **11** E3
aspettare [aspet'ta:re] **11** E2
aspettativa [aspetta'ti:va] 16 B
assortito [assor'ti:to] 12 P103
atleta [a'tlɛ:ta] 16 B
attenzione [atten'tsio:ne] 7 B, **11** E8
attività [attivi'ta] 16 B
attore, -trice [at'to:re, at'tri:tʃe] 7 E1, **17** B
attraversare [attraver'sa:re] **5** A5, **16** B
auguri [au'gu:ri] 6 B2, **10** E5
aumentare [aumen'ta:re] **11** A3
aumento [au'mento] 12 B
Austria ['a:ustria] 2 E2
austriaco aus'tri:ako] 2 A5
autobus ['a:utobus] **5** A2
autogrill [auto'gril] 11 E13
automobilista [automobi'lista] 11 B
autoritario [autori'ta:rio] 10 B
autostrada [autos'tra:da] **11** A5
autostradale [autostra'da:le] 11 E11
avanti! [a'vanti] 11 P96
avere [a've:re] P209, **3** A1, **4** A2 *ff* (§ 16)
avorio [a'vɔ:rio] 14 A1
azzurro [ad'dzurro] **13** A2

B

babbo ['babbo] 9 § 50
Bacco ['bakko] 14 E9
bagaglio [ba'gaʎʎo] **11** P91
bagno ['baɲɲo] **4** A1, **10** A4
balcone [bal'ko:ne] **4** A2
ballare [bal'la:re] **17** E4
ballo ['ballo] 5 B
bambino, -a [bam'bi:no] **4** A6
bambola ['bambola] 14 A1
banana [ba'na:na] 6 E6

banca ['baŋka] 2 B, **5** A1
bancarella [baŋka'rɛlla] 17 B
banchetto [baŋ'ketto] 4 A1
banchiere [baŋ'kiɛːre] 15 B
banco ['baŋko] 12 B
banconota [baŋko'nɔːta] **13** A1
banda ['banda] 17 B
bar [bar] **3** A1
barca ['barka] 17 A3
barista [ba'rista] 15 B
baschetto [bas'ketto] 13 A2
Basilicata [bazili'kaːta] 10 A1
basket ['basket] 16 E3
basso ['basso] 11 A4
bastare [bas'taːre] 6 A1, 7 B,
  13 A5
battaglia [bat'taʎʎa] 17 B
beh! [bɛ] 4 B
Belgio ['bɛldʒo] 10 A3
bello ['bɛllo] **4** A5, **15** A1
bene ['bɛːne] **1** A4, **3** A1, 4 B
benzina [ben'dziːna] 11 A3
bere ['beːre] 12 A3 (§ 67)
Berlino [ber'liːno] 2 E2
Berna ['bɛrna] 2 E2
bianco ['biaŋko] 12 P103
bibita ['biːbita] 10 P84
bicchiere [bik'kiɛːre] 6 A1, **12** A2
bicicletta [bitʃi'kletta] **5** E12
biglietteria [biʎʎette'riːa] 11 P91
biglietto [biʎ'ʎetto] 4 E6, **8** A2,
  10 E5, **11** A2/3
binario [bi'naːrio] **11** A1
birra ['birra] **3** A2
bisogna [bi'zɔɲɲa] **6** A2, 17 B
bisogno [bi'zɔɲɲo] **10** A1
bistecca [bis'tekka] **12** A4
blu [blu] **13** A2
bocca ['bokka] **14** A1
bocce ['bɔttʃe] 16 A6
boom [buːm] 16 B
borsa ['borsa] **7** § 35, **13** E9
borsetta [bor'setta] **13** A2
bosco ['bɔsko] 10 A2
bottiglia [bot'tiʎʎa] **8** P65
boxe [bɔks] 16 E3
braccio ['brattʃo] **14** A1
brasato [bra'zaːto] 12 A4
Brasile [bra'ziːle] 10 A3
bravo ['braːvo] **14** A6
breve ['brɛːve] **15** A1
brodo ['brɔːdo] 12 P103
bronchite [broŋ'kiːte] 14 A5
brutale [bru'taːle] 16 E3
brutto ['brutto] **4** P31, **10** A4
buon appetito ['bwɔn appe'tiːto]
  8 B
buonanotte [bwona'nɔtte] 8 A7
buonasera [bwona'seːra] **1** A1
buongiorno [bwon'dʒorno] **1** A4
buono ['bwɔːno] **6** A3, 11 E11
burro ['burro] **6** A1

C

cabina (telefonica) [ka'biːna
  (tele'fɔːnika)] **4** A4, **5** P36
cachemire ['kaʃmir] 13 B
caffè [kaf'fɛ] **3** A2
Calabria [ka'laːbria] 9 E4
calcio ['kaltʃo] **16** E3
caldo ['kaldo] **10** A4
calma ['kalma] 8 A5
calze ['kaltse] **13** A2
calzature [kaltsa'tuːre] 13 A6
calzettoni [kaltset'toːni] 16 B
cambiare [kam'biaːre] **10** A1,
  11 A2, **13** A1
cambio ['kambio] **13** A1
camera ['kaːmera] **4** A1/2, **15** A1
cameriere [kame'riɛːre] **3** A5
camicetta [kami'tʃetta] **13** A2
camicia [ka'miːtʃa] P203
camminare [kammi'naːre] **5** A4
camomilla [kamo'milla] 14 E3
campagna [kam'paɲɲa] **8** A4
campagna pubblicitaria
  [kam'paɲɲa pubblitʃi'taːria] 11 B
camper ['kamper] 10 A1
campestre [kam'pɛstre] 8 A3
campionato [kampio'naːto] 16 A6
campione [kam'pioːne] 16 B
canale [ka'naːle] 17 A3
cancro ['kaŋkro] 14 B
candela [kan'deːla] 17 E2
cane ['kaːne] **7** B, **9** A1
cantare [kan'taːre] 17 E2
cantina [kan'tiːna] 15 A3
caos ['kaːos] 9 B
CAP [kap] 10 A4
capelli [ka'pelli] **14** A1
camicia [ka'miːtʃa] P209
capo ['kaːpo] 13 B
capovolto [kapo'vɔlto] 17 B
cappello [kap'pɛllo] **13** A2
cappotto [kap'pɔtto] **13** A2
cappuccino [kapput'tʃiːno] 3 A2
capsula ['kapsula] 14 E2
caramella [kara'mɛlla] 6 § 30
caratteristica [karatte'ristika]
  15 E10
caratterizzare [karatterid'dzaːre]
  14 A1
carciofini [kartʃo'fiːni] 6 A1
carino [ka'riːno] **7** B
carne ['karne] **6** A1
  ~ **macinata** ['karne matʃina:ta]
  6 A4
carnevale [karne'vaːle] 17 A3
caro ['kaːro] **4** P30/B
carte ['karte] 16 E4
cartolina [karto'liːna] 10 A3
casa ['kaːsa] **3** A6, **5** B, **8** A4/5,
  9 A7
casello [ka'sɛllo] 11 A5
cassa ['kassa] **3** A1
cassetto [kas'setto] 15 A1
castello [kas'tɛllo] 5 A4
catalogo [ka'taːlogo] 10 A1

categoria [katego'riːa] 4 A1
celebrare [tʃele'braːre] 17 A3
celeste [tʃe'lɛste] 13 A2
cena ['tʃeːna] **8** A5
cenere ['tʃeːnere] 14 E9
centimetro [tʃen'tiːmetro] 14 A1
centrale [tʃen'traːle] **5** E4, **15** E1
centro ['tʃentro] **4** A1
cercare [tʃer'kaːre] **4** B; **10** A1
certo ['tʃerto] **4** A5, 6 B
che [ke] (question) E2, **5** E4;
  (what) **8** A5; (relative pron.) 5 B,
  13 A3; (that) **7** A5;
  (than) **17** A1
che cosa [ke k'kɔːsa] P209, 1 E2,
  2 A5
chi [ki] **1** A2
chiamare [kia'maːre] **16** P139
chiamarsi [kia'marsi] **1** A1
chiaro ['kiaːro] **13** A2
chiave ['kiaːve] **4** A3
chiedere ['kiɛːdere] **10** A1, **11** A5
chiesa ['kiɛːza] **4** A1
chilo ['kiːlo] **6** A4/5
chilometro [ki'lɔːmetro] **8** P65
chiudere ['kiuːdere] **11** E10
chiuso ['kiuːso] **11** P91
ci [tʃi] **9** A3, **10** A4/6
(place) 16 A2; **13** A6
c'è [tʃɛ] **5** A1, **6** A2
  ci sono [tʃi 'soːno] **6** A2
  ci vuole [tʃi 'vwɔle] **14** A2
ciao ['tʃaːo] **1** A5
ciclismo [tʃi'klizmo] 16 B
cielo ['tʃɛːlo] **16** P140
cifra ['tʃiːfra] **11** P96
ciliegia [tʃi'liɛːdʒa] 6 A6
cinema ['tʃiːnema] **5** P36
cinese [tʃi'neːse] 7 E8
cintura [tʃin'tuːra] 13 A2
cioccolata [tʃokko'laːta] 3 E4
Ciociaria [tʃotʃa'riːa] 10 A1
cioè [tʃo'ɛ] **15** A6
circo ['tʃirko] 7 E8
città [tʃit'ta] **4** E3
classe ['klasse] **1** E4, **11** A2
classico ['klassiko] 5 E9
cliché [kli'ʃe] 13 B
cliente [kli'ɛnte] **13** A3
clima ['kliːma] **9** A3
coda ['kɔːda] **11** A6
cognac ['kɔɲɲak] 3 A2
cognato, -a [kɔɲ'naːto] 9 A4
cognome [kɔɲ'noːme] 2 E8
coincidenza [kointʃi'dɛntsa] **11** A2
colazione [kolat'tsioːne] **9** A1
collega [kol'lɛːga] **8** E3
collina [kol'liːna] **15** A5
collirio [kol'liːrio] 14 E5
collo ['kɔllo] **13** B, **14** A1
colorato [kolo'raːto] 13 E5
colore [ko'loːre] **13** A2
colpevole [kol'peːvole] 16 B
coltello [kol'tɛllo] **12** A2
come ['koːme] (question) P209,

ecco [ˈɛkko] **3** B, **4** A2, **13** A1
economico [ekoˈnɔːmiko] **9** B
edicola [eˈdiːkola] **5** P36
efficiente [effiˈtʃɛnte] **15** B
eh [ɛ] **2** B
elegante [eleˈgante] **11** E5
eleganza [eleˈgantsa] **13** E8
elemento [eleˈmento] **17** B
elettricista [elettriˈtʃista] **7** A5
elezione [eletˈtsjoːne] **17** A3
Emilia-Romagna
  [eˈmiːlia roˈmaɲɲa] **2** § 4
emotivo [emoˈtiːvo] **15** B
Ente per il Turismo
  [ˈɛnte per il tuˈrizmo] **5** A5
entrare [enˈtraːre] **11** B
eppure [epˈpuːre] **11** B
erba
  in ~ [iˈnɛrba] **16** B
errore [erˈroːre] **12** A6
esagerare [ezadʒeˈraːre] **10** B
esclusiva [eskluˈziːva] **16** B
esclusivo [eskluˈziːvo] **13** B
escluso [esˈkluːzo] **11** P96
escursione [eskurˈsjoːne] **16** A1
esempio [eˈzɛmpjo] **7** E1/5
esercito [eˈzɛrtʃito] **16** B
esistere [eˈzistere] **15** B
espressione [espresˈsjoːne]
  P209, **7** EB
espressivo [espresˈsiːvo] **14** A1
espresso [esˈprɛsso] **11** E1
essere [ˈɛssere] **1** A2/3, **2** A2,
  4 A5 (§ 16)
esserci [ˈɛssertʃi] **5** A1, **6** A2
estate [esˈtaːte] **10** A1
eterno [eˈtɛrno] **15** B
etto [ˈɛtto] **6** A3
Europa [euˈrɔːpa] **7** A1
evitare [eviˈtaːre] **11** B

F

fa [fa] (time) A5
fabbrica [ˈfabbrika] **11** B
facile [ˈfaːtʃile] **16** E3
facilmente [fatʃilˈmente] **15** A6
fagiolini [fadʒoˈliːni] **6** A2
falso [ˈfalso] **2** E5
famiglia [faˈmiʎʎa] **4** E8
famoso [faˈmoːso] **7** E1, **11** E5
fantasia [fantaˈziːa] **16** E7
fare [ˈfaːre] **1** E3, **2** A5,
  6 A1 *ff* (§ 28)
farina [faˈriːna] **6** A1
farmacia [farmaˈtʃiːa] **5** P36
farmacista [farmaˈtʃista] **14** A2
faro [ˈfaːro] **11** S94
fast-food [ˈfaːstfuːd] **12** B
fastidio [fasˈtiːdjo] **14** B
faticoso [fatiˈkoːso] **7** A5
favoloso [favoˈloːso] **13** A3
favore
  per ~ [per faˈvoːre] S209, **4** A2
febbraio [febˈbraːjo] **7** A3
febbre [ˈfɛbbre] **14** A5

fegato [ˈfeːgato] **12** S103
felice [feˈliːtʃe] **16** E1
femmina [ˈfemmina] **2** E8
ferie [ˈfɛːrje] **10** A1
fermarsi [ferˈmarsi] **9** A1
fermata [ferˈmaːta] **5** S36
fermo [ˈfermo] **11** B
Ferrovie (dello Stato)
  [ferroˈviːe] **5** E4, **11** A4
festa [ˈfɛsta] **7** A2
festeggiamento [festeddʒaˈmento]
  17 A3
festeggiare [festedˈdʒaːre] **12** E8
fettina [fetˈtiːna] **6** A1
fidanzato [fidanˈtsaːto] **14** A1
fiducia [fiˈduːtʃa] **14** A3
figlio, -a [ˈfiʎʎo] **9** A4/5/E7
fila [ˈfiːla] **10** S84
film [film] **7** A1
finanziere [finanˈtsjɛːre] **15** B
fine [ˈfiːne] *(Subst.)* **12** E5
  ~ **mese** [ˈfiːne ˈmeːse] **6** B
  ~ **settimana** [ˈfiːne settiˈmaːna]
  9 A7
finestra [fiˈnɛstra] S 209, **15** A2
finire [fiˈniːre] **8** A2
finito [fiˈniːto] **10** E9, **15** A2
fino a [ˈfiːno a] **5** A5, **8** A4
finocchi [fiˈnɔkki] **12** S103
fiore [ˈfjoːre] **10** A2
Firenze [fiˈrɛntse] **7** A1
firma [ˈfirma] **2** E8
firmato [firˈmaːto] **13** B
fisso [ˈfisso] **13** A6
flauto [ˈflaːuto] **17** E2
folcloristico [folkloˈristiko] **16** A1
fondo [ˈfondo] **16** A1
  in ~ [in ˈfondo] **13** B; **15** A3
forchetta [forˈketta] **12** A2
forma [ˈforma] **14** E1, **16** A6
formaggio [forˈmaddʒo] **6** E1
forno [ˈforno] **11** B
forse [ˈforse] **9** E8
forte [ˈforte] **11** E8, **13** B, **14** A2
fortuna [forˈtuːna] **9** B
foto [ˈfɔːto] **7** § 40
fotografia [fotograˈfiːa] **16** E8
fra [fra] **10** A6; **14** E8
francese [franˈtʃeːze] **2** A5
Francia [ˈfrantʃa] **2** E2
francobollo [franˌkoˈbollo] **10** A3
frase [ˈfraːze] **6** E10
fratello [fraˈtɛllo] **9** A4
freddo [ˈfreddo] **10** A4
frequentare [frekwenˈtaːre] **13** B
fresco [ˈfresko] **5** E11, **6** S47
fritto [ˈfritto] **12** S103
fronte
  di ~ [di ˈfronte] **5** A2
frontiera [fronˈtjɛːra] **11** A6
frutta [ˈfrutta] **6** B
FS [ˈeffe ˈesse] **5** E4, **10** A1
fumare [fuˈmaːre] **2** A4
fumatori [fumaˈtoːri] **14** E10

fumo [ˈfuːmo] **14** B
funghi [ˈfuŋgi] **6** E2
funzionare [funtsjoˈnaːre] **4** S28
fuochi artificiali [ˈfwɔːki artifiˈtʃaːli]
  17 B
fuoco [ˈfwɔːko] **10** A2
fuori [ˈfwɔːri] **3** B, **9** A1
futuro [fuˈtuːro] *(Adj.)* **15** A6

G

gabinetti [gabiˈnetti] **11** S91
galleria d'arte [galleˈriːa ˈdarte]
  17 E1
gamba [ˈgamba] **14** A1
gara [ˈgaːra] **16** E6
garage [gaˈraʒ] **4** A6
gas [gas] **4** B
gelato [dʒeˈlaːto] **3** B
genere
  in ~ [in ˈdʒɛːnere] **13** B
generi alimentari [ˈdʒɛːneri
  alimenˈtaːri] **6** A5
genitori [dʒeniˈtoːri] **9** A5
gennaio [dʒenˈnaːjo] **7** A3
Genova [ˈdʒɛːnova] **7** B
genovese [dʒenoˈveːse] **7** B
gente [ˈdʒɛnte] **5** B, **6** A6
gentile [dʒenˈtiːle] **8** A6/8
genuino [dʒenuˈiːno] **10** B
geometrico [dʒeoˈmɛːtriko] **13** A2
Germania [dʒerˈmaːnja] **2** A3
gettone (telefonico)
  [dʒetˈtoːne (teleˈfɔːniko)] **4** S29
ghiaccio [ˈgjattʃo] **3** A6
già [dʒa] **8** A3
giacca [ˈdʒakka] **13** A2
giacchetta [dʒakˈketta] **13** A2
giaccone [dʒakˈkoːne] **13** A2
giallo [ˈdʒallo] **13** A2
giardino [dʒarˈdiːno] **15** A2
ginocchio [dʒiˈnɔkkjo] **13** A2
giocare [dʒoˈkaːre] **8** A4
gioia [ˈdʒɔːja] **16** B
giornalaio [dʒornaˈlaːjo] **15** B
giornale [dʒorˈnaːle] **5** S36
giornata [dʒorˈnaːta] **7** A2
giorno [ˈdʒorno] **4** A2
giostra [ˈdʒɔstra] **17** B
giovane [ˈdʒoːvane] **7** A5
giovedì [dʒoveˈdi] **8** A3
girare [dʒiˈraːre] **5** A5
giro [ˈdʒiːro] **16** B
Giro d'Italia [ˈdʒiːro diˈtaːlia]
  16 E6
gita [ˈdʒiːta] **11** E4
giudizio [dʒuˈdittsjo] **15** B
giugno [ˈdʒuɲɲo] **7** A3
giusto [ˈdʒusto] **2** E7
gli [ʎi] *(Artikel)* **6** A2;
  (Pron.) **10** A5
gnocchi [ˈɲɔkki] **12** A3
goccia [ˈgottʃa] **14** E5
gola [ˈgoːla] **14** A5
gli [ʎi] (article) A2;
  (pron.) **10** A5

gonna ['gonna] **13** A2
grammo ['grammo] **6** A1
grande ['grande] **4** A5
grappa ['grappa] **3** E7
grattacielo [gratta'tʃɛlo] **15** B
grazie ['grattsje] **1** A4; **10** B
greco ['grɛːko] **10** E16
grigio ['griːdʒo] **13** A2
griglia
  alla ~ ['alla 'griʎʎa] **12** P103
grotta ['grɔtta] **10** E6
gruppo ['gruppo] **14** B
guadagnare [guadaɲ'naːre] **7** A5
guardare [guar'daːre] **5** B
guasto ['guasto] **11** P94
guidare [gui'daːre] **11** A3
gusto ['gusto] **12** B

H

hamburger [am'burger] 12 B
hotel [o'tɛl] **2** § 8

I

i 2 E4, **6** A2
idea [i'dɛːa] **5** B, **8** E6
ideale [ide'aːle] **4** A1
ieri ['jɛːri] **7** A2
il [il] **1** A2
imparare [impa'raːre] **2** A5
impazzire [impat'tsiːre] 16 B
impegno [im'peɲɲo] **8** A3
imperatrice [impera'triːtʃe] **14** A1
impermeabile [imperme'aːbile]
  13 E4
impiegato [impje'gaːto] **4** B, **7** E5
importa
  non ~ [non im'pɔrta] **8** B, **13** A3
importante [impor'tante] **7** B
importazione [importat'tsjoːne]
  12 B
improvvisato [improvvi'zaːto]
  17 B
in [in] P209; (place) 1 E4, **2** A3;
  (time) **4** E4; **7** A1
incassare [iŋkas'saːre] 16 B
incidente [intʃi'dɛnte] **11** A6
incluso [iŋ'kluːzo] **4** A1
incominciare [iŋkomin'tʃaːre] 9 B
incontrare [iŋkon'traːre] **7** A4
incontro [iŋ'kontro] **7** B
incredibile [iŋkre'diːbile] 15 A5
incrocio [iŋ'kroːtʃo] **11** A5
indeciso [inde'tʃiːzo] **13** A6
indicare [indi'kaːre] **11** B, **12** A1
indietro [in'djɛːtro] **17** B
indifferenza [indiffe'rɛntsa] 15 B
indipendente [indipen'dɛnte]
  7 A5
indirizzo [indi'rittso] **10** A4
industria [in'dustrja] 16 E8
industriale [indus'trjaːle] 11 B;
  15 B
inefficiente [ineffi'tʃɛnte] 15 B
infarinare [infari'naːre] 6 A1
infermiera [infer'mjɛːra] **7** A5

infiammato [infjam'maːto] 14 A5
inflazione [inflat'tsjoːne] 16 B
informazione [informat'tsjoːne]
  7 E5, **11** P91
ingegnere [indʒeɲ'ɲɛːre] 7 E5
Inghilterra [iŋgil'tɛrra] **7** A1
inglese [iŋ'gleːse] **2** A5
ingorgo [iŋ'gorgo] 11 A6
ingredienti [iŋgre'djɛnti] 12 B
iniziare [init'tsjaːre] 14 B
inizio [i'nittsjo] **8** E11
innamorato [innamo'raːto] **8** B
inquinamento [iŋkui ina'mento]
  15 B
inquinare [iŋkui'naːre] 10 A2
insalata [insa'laːta] **6** E1
insegnante [inseɲ'ɲante] **15** A6
insieme [in'sjɛːme] **7** A2
insomma [in'somma] 13 B
intelligente [intelli'dʒɛnte] **11** B
intenso [in'tɛnso] 11 A6
interamente [intera'mente] **14** A1
interessante [interes'sante] **7** E5
interessarsi [interes'sarsi] **15** A4
internazionale [internattsjo'naːle]
  15 B
interno [in'tɛrno] **15** A2
intervista [inter'vista] 13 B
intorno [in'torno] **15** A5
invece [in've:tʃe] **9** A3
inverno [in'vɛrno] **16** A2
inviare [invi'aːre] **8** A8
invitare [invi'taːre] **8** E3
invito [in'viːto] **8** E3
io ['iːo] **1** A2
ipnosi [ip'nɔːzi] 14 B
iscriversi [is'kriːversi] 16 A4
isola ['iːzola] **10** E6
Italia [i'taːlja] **2** E2
italiano [ita'ljaːno] P209, **2** A5

J

jogging ['dʒɔgiŋ] 16 E3
judo ['dʒuːdo:] 16 E3
jugoslavo [jugoz'laːvo] **7** E8

L

l' (article) **2** A5; (pron.) **9** § 52
la [la] (article) P209, **1** A2;
  (pron.) **9** A6
La [la] **8** A5
là [la] **15** A3
ladro ['laːdro] **15** E2
lago ['laːgo] **10** E16
lampada ['lampada] **15** A1
lana ['laːna] **13** A2
lanciare [lan'tʃaːre] 11 B
largo ['largo] **5** E4
lasciare [laʃ'ʃaːre] **7** A4
lato ['laːto] 11 P96
latte ['latte] **6** A5
laureato in legge [laure'aːto in
  'leddʒe] **13** B
lavarsi [la'varsi] **9** A2
lavorare [lavo'raːre] **2** B

lavoro [la'voːro] **2** A4
le [le] (article) 4 E4, **6** A1/2;
  (pron.) **9** A6; **10** A5
Le [le] **8** A6
lega ['leːga] **14** B
leggere ['leddʒere] **5** B
leggero [led'dʒeːro] **14** A5
lei [lɛːi] **1** § 1/2
Lei [lɛːi] **1** A1
lentamente [lenta'mente] P209
lettera ['lettera] **7** E2
letto ['lɛtto] **4** A1
li [li] **9** A6
lì [li] **5** A3
libero ['liːbero] **2** B
libro ['liːbro] **1** § 3
lieto 'ljɛːto] **8** A6
lievito ['ljɛːvito] **6** E2
limitato limi'taːto] 12 B
linea ['liːnea] **5** E4
lingua ['liŋgua] **8** B
lire ['liːre] **3** A4
lista ['lista] **12** P103
listino prezzi [lis'tiːno 'prettsi]
  3 E4
litigare [liti'gaːre] 9 A5
litro ['liːtro] **6** A5
lo [lo] (article) **6** A2;
  (pron.) **5** P37, **9** A6
locale [lo'kaːle] (thing) **11** E1;
  (local) **12** B; (adj) 17 B
lontano [lon'taːno] **5** A4
loro ['loːro] **6** § 28; **9** A4
lotta ['lɔtta] 14 B
luce ['luːtʃe] **4** B, **15** A1
luglio ['luʎʎo] **4** A6
lui ['luːi] **1** § 1/2
luna ['luːna] **7** A1
lunedì [lune'di] **8** A3
lungo ['luŋgo] 12 B, **13** A4; 17 B
  a ~ [a l'luŋgo] 14 A5
luogo ['lwɔːgo] **2** E8, **10** E15
lusso ['lusso] **6** B
lutto ['lutto] 17 B

M

ma [ma] P209, **2** A2
ma dai! [ma d'daːi] **5** B
macchina ['makkina] **5** A4
macedonia [matʃe'dɔːnja] **12** P103
macellaio [matʃel'laːjo] **6** A4
madre ['maːdre] **9** A4
maggio ['maddʒo] **7** A3
magia [ma'dʒiːa] 16 E8
magico ['maːdʒiko] 16 B
maglione [maʎ'ʎoːne] **13** A4
magro ['maːgro] **6** A4
mah [ma] 4 B
mai ['maːi] **16** A2
mal di testa ['mal di 'tɛsta]
  14 P123
malato [ma'laːto] **14** E6
malattia [malat'tiːa] **7** B, **14** A1
male ['maːle] **1** A4, **9** A3
mamma ['mamma] **9** § 50

mamma mia! ['mamma 'mi:a] 15 E2
mancanza [maŋ'kantsa] 12 B
mancare [maŋ'ka:re] 6 A2
mandare [man'da:re] 10 E5
mangiare [man'dʒa:re] 3 A5
manifestazione [manifestat'tsjo:ne] 15 A5
mano ['ma:no] 14 A1
mantenersi in forma [mante'nersi in 'forma] 16 A6
manzo ['mandzo] 12 A4
marchi ['marki] 13 A1
marcia ['mart∫a] 8 P65
mare ['ma:re] 4 B
Mar Adriatico ['mar adri'a:tico] 16 A5
Mar Jonio ['mar 'jo:njo] 16 A5
Mar Ligure ['mar li'gu:re] 16 A5
Mar Tirreno ['mar tir're:no] 16 A5
marito [ma'ri:to] 4 A5
marrone [mar'ro:ne] 13 A2
marsala [mar'sa:la] 6 A1
martedì [marte'di] 8 A3
marzo ['martso] 7 A3
maschera ['maskera] 17 B
mascherarsi [maske'rarsi] 17 B
maschio ['maskjo] 2 E8
matrimoniale [matrimo'nja:le] 4 A2
matrimonio [matri'mo:njo] 9 E3
mattina [mat'ti:na] 9 A1
mattino [mat'ti:no] 11 B
mausoleo [mauzo'lɛ:o] 5 E11
me [me] 10 B, 16 A6
meccanico [mek'ka:niko] 7 E5
medaglia [me'daʎʎa] 8 P65
medicina [medi't∫i:na] 14 A3
medico ['mɛ:diko] 14 A2/3
Medio Evo [medjo 'ɛ:vo] 17 B
meglio ['mɛʎʎo] 8 B
mela ['me:la] 6 A5
melanzane [melan'dza:ne] 12 P103
melone [me'lo:ne] 12 P103
meno ['me:no] 6 A6, 8 A1, 11 A3
mensile [men'si:le] 15 A1
mentalità [mentali'ta] 7 E9
menù [me'nu] 10 B
meraviglioso [meraviʎ'ʎo:so] 14 A1
mercato [mer'ka:to] 6 A6
mercoledì [merkole'di] 8 A3
meridionale [meridjo'na:le] 16 A5
mese ['me:se] 4 B
metro ['mɛ:tro] 13 B
metropolitana [metropoli'ta:na] 5 E4
mettere ['mettere] 6 A1; 9 A7; 13 E15
mezzanotte [meddza'nɔtte] 8 A1
mezzo ['mɛddzo] 6 A3; 8 A1; 11 A3
mezzogiorno [meddzo'dʒorno] 8 A1

mi [mi] P209; 4 A3; (reflexive) A1, 9 A1
migliaia [miʎ'ʎa:jo] 11 B
milanese [mila'na:se] 5 B, 12 P103
Milano [mi'la:no] 5 B
miliardo [mi'ljardo] 16 B
minestrone [mines'tro:ne] 12 P103
minore [mi'no:re] 16 B
minuto [mi'nu:to] 6 A1; 8 § 41
mio ['mi:o] 4 A5
misto ['misto] 12 P103; 15 B
moda ['mɔ:da] 12 B
modello [mo'dɛllo] 12 B, 13 A3
moderno [mo'dɛrno] 5 E5
modo ['mɔ:do] 9 E10
moglie ['moʎʎe] 6 E12
molto ['molto] 5 A5; 6 E9, 7 A1
momento [mo'mento] 3 A5
Monaco ['mɔ:nako] 2 E1
mondiale [mon'dja:le] 16 B
mondo ['mondo] 8 E2, 10 A1
moneta [mo'ne:ta] 13 A1
monotono [mo'nɔ:tono] 7 E5
montagna [mon'taɲɲa] 10 B
monte ['monte] 10 E6
morire [mo'ri:re] 14 A1, 16 B
morte ['mɔrte] 7 A1, 17 B
morto ['mɔrto] 14 A1
mosso ['mɔsso] 16 A5
mostra ['mostra] 7 A1
motel [mo'tɛl] 11 B
motivo [mo'ti:vo] 9 B; 13 B
moto ['mɔ:to] 11 E8
motore [mo'to:re] 11 P94
muovere ['mu̯ɔ:vere] 16 P139; 16 A5
museo [mu'zɛ:o] 5 E5
musica ['mu:zika] 5 B

N

Napoli ['na:poli] 2 A1
nascere ['na∫∫ere] 7 A1/E1
nascita ['na∫∫ita] 2 E8
naso ['na:so] 14 A1
Natale [na'ta:le] 17 A2
nato ['na:to] 7 A1
natura [na'tu:ra] 10 A2
naturalmente [natural'mente] 15 A1
nazionale [nattsjo'na:le] 16 A2
nazionalità [nattsjonali'ta] 2 E8
ne [ne] 14 A5
nebbia ['nebbja] 16 A5
necessario [net∫es'sa:rjo] 8 A7
negativo [nega'ti:vo] 14 E7
negozio [ne'gɔttsjo] 6 A5
nemico [ne'mi:ko] 17 A3
nero ['ne:ro] 13 A2
nervoso [ner'vo:so] 9 B
nessuno [nes'su:no] 14 A6
neve ['ne:ve] 16 A1
nevicare [nevi'ka:re] 16 E5
nevicata [nevi'ka:ta] 16 A5
niente ['njɛnte] 9 A7, 14 P123

nipote [ni'po:te] 9 A4
no [nɔ] 1 A3
noi ['no:i] 3 § 11
noleggiare [noled'dʒa:re] 10 A1
nome ['no:me] 2 E8
non [non] P209, 4 P28
non c'è male [non 't∫ɛ m'ma:le] 1 A4
non c'è di che [non 't∫ɛ ddi'ke] 5 A3
nonno, -a ['nɔnno] 8 A4, 9 A4
Nord [nɔrd] 7 B
nostro ['nɔstro] 8 A5
notare [no'ta:re] 17 E5
notte ['nɔtte] 4 A3
novembre [no'vɛmbre] 7 A3
novità [novi'ta] 12 B
nulla ['nulla] 14 § 79
numero ['nu:mero] 3 E2, 4 A4; 13 A5
nuoto ['nu̯ɔ:to] 16 E3
nuovo ['nu̯ɔ:vo] 7 A5
nuraghe [nu'ra:ge] 10 E16
nuvoloso [nuvo'lo:so] 16 A5

O

o [o] 2 E5, 3 A5, 12 B
occasione [okka'zjo:ne] 17 B
occhiali [ok'kja:li] P203
occhio ['ɔkkjo] 14 A1
occidentale [ott∫iden'ta:le] 16 A5
occuparsi [okku'parsi] 9 A7
occupato [okku'pa:to] 2 § 7
odiare [o'dja:re] 11 B
offrire [of'fri:re] 11 A4
oggi ['ɔddʒi] 5 B
ogni ['oɲɲi] 11 B; 14 A2
olio ['ɔ:ljo] 6 E1
oliva [o'li:va] 6 E2
Onda verde ['onda 'verde] 11 A6
onomastico [ono'mastiko] 6 B
operaio [ope'ra:jo] 7 E5
opinione [opi'njo:ne] 13 E15
oppure [op'pu:re] 14 E11
ora ['o:ra] 5 A5; 8 A1
ordinare [ordi'na:re] 12 P102; 14 E5
ordine ['ordine] 9 A7
orecchio [o'rekkjo] 14 A1
organizzare [organid'dza:re] 11 B
origano [o'ri:gano] 6 E2
originale [oridʒi'na:le] 11 B
origine [o'ri:dʒine] 17 B
ormai [or'ma:i] 9 A3
ornamentale [ornamen'ta:le] 13 B
ospedale [ospe'da:le] 7 A5
ospite ['ɔspite] 9 A6
ossobuco [osso'bu:ko] 12 P102
ottimo ['ɔttimo] 16 A1
ottobre [ot'to:bre] 7 A3
ovale [o'va:le] 14 A1

P

pacchetto [pak'ketto] 14 B
pacco ['pakko] 6 A5
pace ['pa:t∫e] 10 A1

padella [pa'dɛlla] 6 A1
Padova ['paːdova] 4 P30
padre ['paːdre] **9** A4
padrone [pa'droːne] 17 B
paesano [pae'zaːno] 17 B
paese [pa'eːze] **9** A5; **16** B
paesino [pae'ziːno] 9 B
pagamento [paga'mento] 11 P94
pagare [pa'gaːre] 6 A4
paio ['paːjo] **12** B; **13** A6
palazzo [pa'lattso] **5** E5; **9** A2
palcoscenico [palkoʃ'ʃeːniko]
  17 A3
pane ['paːne] 6 A5
panetteria [panette'riːa] 6 A5
panino [pa'niːno] **3** A5
pantaloncini [pantalon'tʃiːni] 16 B
pantaloni [panta'loːni] **13** A2
papà [pa'pa] 10 B
parcheggio [par'keddʒo] **5** P36
Parco Nazionale ['parko
  nattsjo'naːle] 16 A2
parenti [pa'renti] **9** A6
pari ['paːri] 11 P96
Parigi [pa'riːdʒi] 2 E2
parlare [par'laːre] P209, **7** E7
parmigiano [parmi'dʒaːno] 6 E7
parola [pa'rɔːla] 6 E12
parte ['parte] 9 E9, **17** B
partecipare [partetʃi'paːre] 8 A3
partecipazione [partetʃipat'tsjoːne]
  12 B
partenza [par'tɛntsa] **8** P65, **11** E1
partire [par'tiːre] **11** A1
partita [par'tiːta] **7** A2
partito [par'tiːto] **15** A4
Pasqua ['paskua] 16 A4
passaporto [passa'porto] 4 A2
passare [pas'saːre] 8 A4
passato [pas'saːto] 17 B
passeggiata [passe'dʒaːta] **7** A2
passione di Cristo [pas'sjoːne di
  'kristo] 17 B
passo ['passo] 7 B, **15** A1
pasta ['pasta] **3** A4 ; **6** A5
pastiglia [pas'tiʎʎa] **14** A2
pasto ['pasto] 11 B
patate [pa'taːte] 6 A2
patatine [pata'tiːne] 12 P103/B
patente [pa'tɛnte] **13** E1
pattinaggio [patti'naddʒo] 16 E3
paura [pa'uːra] **17** B
pausa ['paːuza] 11 E8
pavimento [pavi'mento] 15 A2
paziente [pat'tsjɛnte] **14** E10
pazzo ['pattso] 11 B
pedaggio [pe'daddʒo] 11 P94
pediatra [pe'djaːtra] 14 A6
pelato [pe'laːto] 6 E7
penne all'arrabbiata ['penne
  allarrab'bjaːta] 12 P103
pensare [pen'saːre] **9** E 10, **13** A6
pensiero [pen'sjɛːro] 8 A6
pensione [pen'sjoːne] **4** A1/P30
pepe ['peːpe] 6 A1

peperoncino [peperon'tʃiːno]
  12 E3
per [per] **2** A4; **5** A2; 6 A1
perché [per'ke] **4** P30
perdere ['pɛrdere] **15** E4
perfetto [per'fetto] **14** A1
pericolo [pe'riːkolo] **16** E8
pericoloso [periko'loːso] **11** B
periferia [perife'riːa] 15 A5
periodo pe'riːodo] 11 B
perlomeno [perlo'meːno] 14 B
però [pe'rɔ] **4** B, **6** E10
persona [per'soːna] **4** A1
personaggio [perso'naddʒo] 17 B
personale [perso'naːle] 12 B
personalità [personali'ta] 14 B
pescare [pes'kaːre] 8 A3
pesce ['peʃe] **5** B, **12** P103
petti di pollo ['petti di 'pollo]
  12 P103
pezzo ['pɛttso] 12 E3
piacere [pia'tʃeːre] **3** B; **4** A5;
  6 § 26; 8 A5
per ~ [per pia'tʃeːre] 6 A4
piangere ['pjandʒere] 11 B
piano ['pjaːno] **15** A3; **17** E2
pianta ['pjanta] (plan) 11 E7
pianterreno [pjanter'reːno] **15** A3
piatto ['pjatto] **12** A2/4
piazza ['pjattsa] **5** A3
piazzale [pjat'tsaːle] 5 E4
piccolo ['pikkolo] **4** P31
piedi
  a ~ [a p'pjɛːdi] **5** A4
  in ~ [in 'pjɛːdi] 12 B
pieno ['pjɛːno] **10** B; **11** A5
pioggia ['pjɔddʒa] 16 A5
piovere ['pjɔːvere] **10** A4
pirati [pi'raːti] 17 B
piscina [piʃ'ʃiːna] **16** A6
pista ['pista] 16 A1
pittoresco [pitto'resko] 11 A4
più ['pju] P209; **3** E3; **11** A3/4
piuttosto [pjut'tɔsto] **12** A1
pizza ['pittsa] **3** A5
pizzeria [pittse'riːa] 8 E11
plastica ['plastika] 13 E9
poco ['pɔːko] **6** A1
  un po' [un 'pɔ] **5** B
poeta [po'ɛːta] 13 B
poi ['pɔːi] **5** A3
polemizzare [polemid'dzaːre] 15 B
politica [po'liːtika] **15** A4
politico [po'liːtiko] **17** E5
pollice ['pollitʃe] 14 A1
pollo ['pollo] **12** P103
polmoni [pol'moːni] 14 B
poltrona [pol'troːna] 15 A1
pomeriggio [pome'riddʒo] 9 E2
pomodoro [pomo'dɔːro] **6** E1
pompelmo [pom'pɛlmo] 3 A2
popolare [popo'laːre] **15** B
porta ['pɔrta] 5 E4; **15** A2
portare [por'taːre] **8** A6, **9** A1;
  11 P90; **13** A6

portata [por'taːta] 13 B
porto ['pɔrto] **10** E6
posata [po'saːta] 12 E2
possibile [pos'siːbile] **13** B
possibilità [possibili'ta] **7** A5
possibilmente [possibil'mente]
  15 A5
posta ['pɔsta] 8 E6
posto ['pɔsto] **2** B, **4** A5
potere [po'teːre] P209; **8** A3 ff,
  § 43
povertà [pover'ta] **15** B
pranzo ['prandzo] **4** A1, **6** A1
praticare [prati'kaːre] **14** B
pratico ['praːtiko] **11** E4
prato ['praːto] 10 A2
preferenza [prefe'rɛntsa] 17 E1
preferire [prefe'riːre] **3** A2
preferito [prefe'riːto] 13 E13
prefisso [pre'fisso] **4** A4
pregiudizio [predʒu'dittsjo] 7 B
prego ['prɛːgo] **2** B; **5** A1/P38
premio ['prɛːmjo] 8 P65
prendere ['prɛndere] **3** A1
prenotare [preno'taːre] **10** A1
prenotazione [prenotat'tsjoːne]
  11 P91
preoccupato [preokku'paːto]
  14 E6
preparare [prepa'raːre] **6** A1
prescrivere [pres'kriːvere] **14** A5
presentare [prezen'taːre] **8** A6
presepe [pre'zɛːpe] 17 B
presidente [presi'dɛnte] 7 A1
presso ['prɛsso] **10** A1
prestare [pres'taːre] **13** A5
presto ['prɛsto] **9** A1
prevedere [preve'deːre] 13 B
previsioni del tempo
  [previ'zjoːni del 'tempo] 16 A5
previsto [pre'visto] 15 A2
prezzo ['prɛttso] 3 E4, 4 A1
prima ['priːma] **6** A5; **7** E6
primavera [prima'vɛːra] **15** A6
primo ['priːmo] **5** A1; **6** A1
probabile [pro'baːbile] **14** § 75
probabilmente [probabil'mente]
  14 A1
problema [pro'blɛːma] **6** B, **7** A5
prodotto [pro'dotto] 6 B
professionista [professjo'nista]
  15 B
professore [profes'soːre] **9** A1
progetto [pro'dʒɛtto] **10** E8
programma [pro'gramma] 5 B,
  7 E8
pronto ['pronto] **2** A3; **5** B
proporzionato [proportsjo'naːto]
  14 A1
proprietario [proprje'taːrjo] **12** B
proprio ['prɔːprjo] **7** A5
prosciutto [proʃ'ʃutto] 6 A1
prossimo ['prɔssimo] P209; **11** A1
prostituta [prosti'tuːta] 15 B
protesta [pro'tɛsta] 7 A1

protestare [protes'ta:re] **15** E8
provare [pro'va:re] **13** A3
proveniente [prove'njɛnte] **11** E3
proverbio [pro'vɛrbjo] **7** B
psicoterapia [psikotera'pi:a] **14** B
pubblicità [pubblit∫i'ta] **11** E5
pubblico ['pubbliko] **11** A3; **13** B
Puglia ['puʎʎa] **10** E1
pulito [pu'li:to] **15** E4
pulizie [pulit'tsi:e] **9** A7
punto ['punto] **12** B
pure ['pu:re] **10** B, **13** A1/3
purtroppo [pur'troppo] **4** B

Q

quadro ['kua:dro] **13** A2; **15** A1
qualche ['kualke] **15** A6, **16** A4
qualcosa [kual'kɔ:sa] **3** A1
qualcuno [kual'ku:no] **7** B
quale ['kua:le] **3** E9, **4** A4/E8
qualità [kuali'ta] **6** E10
quando ['kuando] **6** A6, **7** A1
quanto ['kuanto] **3** E3/A4, **4** A2
quartiere [kuar'tjɛ:re] **15** A5
quarto ['kuarto] **5** A1, **8** A1
quasi ['kua:zi] **6** A2
quello ['kuello] **10** B, **13** A4
questo ['kuesto] **2** B, **13** A4
qui [kui] **2** A4
quindi ['kuindi] **13** B

R

raccontare [rakkon'ta:re] **7** E1/7
radio ['ra:djo] **11** E9
raffinato [raffi'na:to] **12** B
raffreddore [raffre'do:re] **14** A2
ragazzo, -a [ra'gattso] **6** B,
  7 E1/4/B
ragionare [radʒo'na:re] **10** A
ragioniere [radʒo'njɛ:re] **7** A5
ragù [ra'gu] **12** P103
rapido ['ra:pido] **11** E2
rappresentante [rapprezen'tante]
  7 A5
rappresentare [rapprezen'ta:re]
  17 B
rappresentazione
  [rapprezentat'tsjo:ne] **17** A3
ravioli [ravi'ɔ:li] **6** A1
re [re] **17** A3
realizzare [realid'dza:re] **14** E9
realtà [real'ta] **13** B, **17** B
regalare [rega'la:re] **13** E9
regalo [re'ga:lo] **12** E2
regionale [redʒo'na:le] **12** B
regione [re'dʒo:ne] **10** A1, **11** E5
regista [re'dʒista] **7** A1
regola ['rɛ:gola] **16** E7
religioso [reli'dʒo:so] **17** B
Repubblica [re'pubblika] **7** A1
respirare [respi'ra:re] **10** A2
restare [res'ta:re] **9** A1
rete ['re:te] **14** E4
ricchezza [rik'kettsa] **15** B
ricetta [ri't∫etta] **12** E2, **14** A2

ricevere [ri't∫e:vere] **11** B
ricevuta (fiscale) [rit∫e'vu:ta
  (fis'ka:le)] **12** A6
richiedere [ri'kjɛ:dere] **12** B
riconoscere [riko'no∫∫ere] **13** B
ricordo [ri'kɔrdo] **17** B
ricostruire [rikostru'i:re] **8** E7
ridurre [ri'durre] **14** E9
riferirsi [rife'rirsi] **16** E8
rifiuti [ri'fju:ti] **10** A2
righe
  a ~ [a r'ri:ge] **13** A2
rilassante [rilas'sante] **16** A3
rimanere [rima'ne:re] **7** A2/4
Rinascimento [rina∫∫i'mento] **17** B
ringraziare [ringrat'tsia:re] **8** A7
ripetere [ri'pɛ:tere] P209, **14** B
riposarsi [ripo'sarsi] **10** A4
riprendere [ri'prɛndere] **16** A5
riscaldamento [riskalda'mento]
  4 A1, **15** A1
rischiare [ris'kja:re] **16** B
risolvere [ri'sɔlvere] **8** B, **15** B
risotto [ri'sɔtto] **5** B
risparmiare [rispar'mja:re] **6** A6
rispecchiare [rispek'kja:re] **12** B
rispondere [ris'pondere] **5** E8
risposta [ris'posta] **2** E7
ristorante [risto'rante] **4** A1
risultato [risul'ta:to] **14** B
ritardo [ri'tardo] **11** A2
ritornare [ritor'na:re] **13** B
ritorno [ri'torno] **11** A2, **13** B
ritrovare [ritro'va:re] **9** E10, **17** B
riunione [riu'njo:ne] **8** A9
rivedere [rive'de:re] **8** A5
rivista [ri'vista] **14** E2
rivivere [ri'vi:vere] **17** B
rivolgersi [ri'vɔldʒersi] **15** A2
roba ['rɔ:ba] **13** B
Roma ['ro:ma] **2** A1
romano [ro'ma:no] **17** B
rosa ['rɔ:za] **13** A2
rosso ['rosso] **12** A3
rumore [ru'mo:re] **15** A5
rumoroso [rumo'ro:so] **4** A5
ruolo ['ruɔ:lo] **9** B
ruota ['ruɔ:ta] **5** E6

S

S. (San) **4** A1
sabato ['sa:bato] **8** A3
sagra ['sa:gra] **17** B
sala d'attesa ['sa:la dat'te:sa]
  11 P91
sala da pranzo ['sa:la da
  p'prandzo] **4** A1
salame [sa'la:me] **12** E3
saldi ['saldi] **13** A3
sale ['sa:le] **6** A1
salire [sa'li:re] **11** B/§ 63
salotto [sa'lɔtto] **8** A6
salto ['salto] **17** B
salumeria [salume'ri:a] **6** A3
salumiere [salu'mjɛ:re] **6** P46

salutare [salu'ta:re] **11** E8
salute [sa'lu:te] **14** A3
saluto [sa'lu:to] **7** B
salvia ['salvja] **6** A1
sandali ['sandali] **13** A5
sangue: al ~ [al 'sangue] **12** A4
San(to, -a) ['san(to)] **4** A1, **10** E6
sapere [sa'pe:re] **5** P37;
  12 A4/B (§ 67)
sapore [sa'po:re] **12** B
saraceno [sara't∫ɛ:no] **17** B
Sardegna [sar'denna] **10** A1
scale ['ska:le] **15** A3
scaloppina [skalop'pi:na] **6** A1
scarpe ['skarpe] **13** A2
scatola ['ska:tola] **6** E7
scegliere ['∫eʎʎere] **10** B,
  11 E5 (§ 63)
scena ['∫ɛ:na] **17** B
scendere ['∫endere] **5** A3
schiavo ['skja:vo] **14** B
sci [∫i] **8** E2, **16** A1
scialle ['∫alle] **13** E12
sciare [∫i'a:re] **16** A4
sciarpa ['∫arpa] **13** A2
scienziato [∫en'tsia:to] **15** B
sciovia [∫io'vi:a] **16** A1
sciroppo [∫i'rɔppo] **14** A2
sciupato [∫u'pa:to] **13** B
sconosciuto [skono∫'∫u:to] **14** A1
sconto ['skonto] **13** A4
scontrino [skon'tri:no] **3** A1
scorso ['skorso] **13** B
scozzese [skot'tse:se] **13** A2
scrivania [skriva'ni:a] **15** A1
scrivere ['skri:vere] **7** E2
scuola ['skuɔ:la] **9** A3
scuro ['sku:ro] **13** A2
scusare [sku'za:re] P209, **1** A3,
  5 A1/P38
se [se] **5** B, **8** A3; **9** B
sé [se] **16** § 93
secolo ['sɛ:kolo] **17** B
secondo [se'kondo] **5** A1; **6** A1;
  13 B/**16** E6
sedia ['sɛ:dja] **2** § 7
seggiovia [sedʒo'vi:a] **16** A1
segretaria [segre'ta:rja] **7** E5
segreteria telefonica [segrete'ri:a
  tele'fɔ:nika] **4** A4
seguente [se'guɛnte] **5** E9
seguire [se'gui:re] **13** B
semaforo [se'ma:foro] **11** A5
sembrare [sem'bra:re] **13** A3
semplice ['semplit∫e] **12** B
sempre ['sɛmpre] **5** A5
senape ['sɛ:nape] **13** A2
sentire [sen'ti:re] **2** B, **3** § 10, **9** A4
senza ['sɛntsa] **3** A6
senz'altro [sen'tsaltro] **14** A6
sera ['se:ra] **1** § 3
serata [se'ra:ta] **8** A7
sereno [se're:no] **16** A5
servire [ser'vi:re] **6** A1, **14** B
servizi [ser'vittsi] **15** A1

tradizione [tradit'tsjo:ne] 17 A3
traffico ['traffiko] **11** A6
training autogeno ['treiniŋ
au'to:dʒeno] 14 E3
tram [tram] **5** A2
tranquillità [traŋkuilli'ta] 15 E4
tranquillo [traŋ'kuillo] **4** A1
transito ['transito] 11 P96
trascurato [trasku'ra:to] 15 B
trasformare [trasfor'ma:re] 16 B
trasmettere [traz'mettere] **11** B
trattoria [tratto'ri:a] **5** P36
treno ['trɛ:no] 2 B, **10** A1
trionfo [tri'onfo] 16 B
triste ['triste] **7** B
troppo ['trɔppo] **4** A5, **7** § 36
trovare [tro'va:re] 2 E7, **9** A3
trulli ['trulli] 10 E6
tu [tu] **1** A5
tumore [tu'mo:re] 14 B
tuo ['tu:o] **7** A3
turchese [tur'ke:se] 13 B
turco ['turko] 17 E4
turista [tu'rista] 7 § 39
turno ['turno] 11 B
tuta ['tu:ta] 16 B
tutto ['tutto] **4** A1, **5** B
TV [ti v'vu] 8 E2, **15** A4

U

ufficio [uf'fi:tʃo] **7** A2
~ **informazioni** [uf'fi:tʃo
informat'tsjo:ni] **11** P91
~ **postale** [uf'fi:tʃo pos'ta:le]
5 P36
uguale [u'gua:le] **15** A4
ultimo ['ultimo] **12** B
Umbria ['umbria] 11 E5
umbro ['umbro] 4 A1
un, un', una, uno 3 A2
unico ['u:niko] 9 A5
università [universi'ta] **7** A4
uomo ['uɔ:mo] **7** A1
uovo ['uɔ:vo] P203
usare [u'za:re] 10 A4, **15** A1

uscire [uʃ'ʃi:re] **15** A5/B/§ 83
uscita [uʃ'ʃi:ta] **11** P94
uso ['u:zo] 15 A1
utile ['u:tile] P209, 7 E8
uva ['u:va] **12** A5

V

vacanza [va'kantsa] 2 A5
vacanziere [vakan'tsjɛ:re] 10 A1
Val d'Aosta ['val da'ɔsta] 10 A1
Val Padana ['val pa'da:na] 16 A5
valico ['va:liko] 11 A6
valigia [va'li:dʒa] **11** P90
valle ['valle] 10 A2
vario ['va:rio] 6 A1
vecchio ['vɛkkio] 9 A6
vedere [ve'de:re] **4** E3
vela ['ve:la] 16 A4
velluto a coste [vel'lu:to a k'kɔste]
13 A2
veloce [ve'lo:tʃe] **11** A3
vendere ['vendere] **13** B
venerdì [vener'di] **8** A3
Venere ['vɛ:nere] 14 E9
Venezia [ve'nɛttsia] 4 A4
venire [ve'ni:re] P209, **4** P28;
6 A6 (§ 28)
veramente [vera'mente] **7** A2
verde ['verde] 9 B, **13** A2
verdura [ver'du:ra] **6** A1
vero ['ve:ro] 2 A5
verso ['vɛrso] **16** E6
verticale [verti'ka:le] 13 A2
vestirsi [ves'tirsi] 9 A2
vestito [ves'ti:to] **13** E2
vetrina [ve'tri:na] 13 A3
vi [vi] 9 A3, 10 A6
via ['vi:a] **5** A1; **11** A1/B
viaggiare [viad'dʒa:re] **7** A5
viaggiatore [viaddʒa'to:re] 17 A3
viaggio [vi'addʒo] **10** A1
viale [vi'a:le] 5 E4
vicino [vi'tʃi:no] **4** A1; **16** B
vicolo ['vi:kolo] 15 B

vietato [vie'ta:to] 5 B, 11 P96
Vienna ['vjɛnna] 2 E2
vigile ['vi:dʒile] 11 A5
villa ['villa] 15 E1
villetta [vil'letta] 4 B
vincere ['vintʃere] **16** A6
vino ['vi:no] 6 E7
viola [vi'ɔ:la] 13 A2
violino [vio'li:no] 17 E2
virilità [virili'ta] 14 B
visita ['vi:zita] 8 A7, **14** A4
visitare [vizi'ta:re] **7** A1
viso ['vi:zo] **14** A1
vita ['vi:ta] 6 B
vitello [vi'tɛllo] 6 A1
vittoria [vit'tɔ:ria] **16** E9
vittima ['vittima] 16 B
vivande [vi'vande] 12 P103
vivente [vi'vɛnte] 17 B
vivere ['vi:vere] **6** A6
voglia ['vɔʎʎa] **5** A4
voi ['vo:i] 2 E2, **5** § 23
volantino [volan'ti:no] 11 B
volentieri [volen'tjɛ:ri] **3** A1
volere [vo'le:re] P209; **3** A5;
7 A4; **8** A2 ff (§ 43); **14** A2
volontà [volon'ta] 14 B
volta ['vɔlta] P209, **8** B
vostro ['vɔstro] **8** E4

W

whisky ['wiski] 3 A6
windsurf ['windsə:f] 16 E3

Z

zampognari [tsampoɲ'ɲa:ri] 17 A2
zio, -a ['tsi:o] 9 A4
zona ['dzo:na] **15** A1
zoo ['dzɔ:o] 7 E8
zucchero ['tsukkero] **6** A2
zucchini [tsuk'ki:ni] 6 § 26
zuppa inglese ['tsuppa iŋ'gle:se]
12 P103
Zurigo [dzu'ri:go] 2 E2

Answers to the Testblocks

Testblock 1

Question 1

Question: 1. 4. 5. 8. 9.

Statement: 2. 3. 6. 7. 10.

Question 2

	=	≠
1		X
2	X	
3	X	
4		X
5		X
6		X
7	X	
8		X

Question 3

1. b); 2. b); 3. c); 4. b).

Question 4

1. b); 2. b); 3. c); 4. d); 5. b); 6. c).

Question 5

Michele Riboni, Corso Romita 15, Alessandria, telefono 0131 16 67 9
Giovanni Roncaldi, Corso Bolzano 6, Torino, telefono 011 88 75 00
Mario Rossi, Via Emanuele Filiberto 33, Roma, telefono 06 29 82 17
Carmine Rubiello, Via Pignatelli 27, Napoli, telefono 081 38 83 47

Question 6

1. Buongiorno, signora Steni, come sta?
2. Il signor Micheli è in Inghilterra per lavoro.
3. Prediamo un aperitivo?
4. Ha il numero di telefono della signora Bruni?
5. Cameriere, un cappuccino per favore!
6. Siete francesi?

Question 7

Agenzia Globo
Via Cavour 3
Bologna

Avete ancora appartamenti liberi a Riccione per il mese di luglio?
Siamo una famiglia di quattro persone, due adulti e due bambini e cerchiamo un appartamento
abbastanza grande, con garage, in un posto tranquillo, vicino al mare. Quanto costa al mese,
tutto compreso? Grazie e Cordiali Saluti

Gianna Neri

Testblock 2

Question 1

All'edicola __1__   In autobus __2__

Al bar __4__   Al supermercato __3__

Al telefono __5__   In salumeria __6__

Question 2

	1	2	3	4	5	6
ce			X			
chi		X				
ghi					X	
ge	X					
sce				X		
gi						X

Question 3

Question 4

1. b)+c); 2. a)+c); 3. a)+b); 4. a)+c); 5. a)+b); 6. b)+c).

Question 5

Ha passato; è rimasto; ha avuto; è andata; ha fatto; ha incontrato; hanno guardato; sono andate; è andata; ha comprato; ha preso; è tornata; è arrivata; ha trovato.

Question 6

1. c'è; 2. costano; 3. venuto; 4. degli; 5. la sua; 6. Le.

Question 7

1. falso; 2. vero; 3. falso; 4. vero; 5. vero; 6. falso; 7. vero.

Testblock 3

Question 1

1. b); 2. a); 3. b); 4. a); 5. a); 6. b).

Question 2

1. c); 2. b); 3. c); 4. a).

Question 3

1. b); 2. a); 3. a); 4. b); 5. a); 6. a).

Question 4

1. c); 2. b); 3. c); 4. b); 5. a); 6. b).

Question 5

di; alle; a; a; in; in; a.

Question 6

1. falso; 2. vero; 3. falso; 4. falso; 5. vero; 6. vero; 7. falso.

Testblock 4

Question 1

1. a)+c); 2. b)+c); 3. a)+b), 4. a)+c); 5. a)+b).

Question 2

Siamo nel Medioevo. Il vescovo tedesco Johannes Fugger fa un viaggio in Italia per provare i vini di questo paese. Il viaggio è lungo. Per non perdere tempo, il vescovo manda avanti una persona al suo servizio. Ogni volta che il servitore trova un buon vino, deve scrivere la parola latina „est" sulla porta dell'osteria. Il servitore segue gli ordini del vescovo fino a quando, un giorno non arriva a Montefiascone, nel Lazio. Qui beve un vino eccezionale e questa volta scrive sulla porta dell'osteria „est – est – est".

Quando il vescovo arriva a Montefiascone, prova questo vino e lo trova straordinario, e ne beve tanto e tanto che ... alla fine muore.

Question 3

1. mangiata; 2. potrebbe; 3. nessuno; 4. si comprano; 5. Non ci sono ancora stato.

Question 4

falso; falso; vero; vero; vero; falso; falso.

Acknowledgements

Photographs:
Andrea Aiazzi, Pistoia: 75; 76 – Automobile Club, Milano: 41 – Gaetano Barone, Firenze: 10,1,3; 45; 46,1,2; 47,1,2; 57,1–6; 58,1–6; 59; 62,1–3; 70,1,2; 74; 83,1; 85,1,3; 87,1–4; 89,3,4,5,7,9,11,12; 90,1–2; 94,1,3; 95; 96,1; 106,3,4; 110; 112; 118,1,2; 120; 127; 132,1; 135,1,2; 138,1; 148; 151,1,2 – Baumann, Ludwigsburg: 145,2–5 – Bavaria Verlag, Gauting (Herm. Maier): 131; (Marcella Pedone): 135,3,4 – Rosanna Brambilla, Böblingen: 79,1,3,4; 94,2; 96,2 – Alessandra Crotti, Heidelberg: 65 – Deutsches Institut für Filmkunde, Frankfurt: 53,1 – dpa, Frankfurt: 53,2,7; 85,4 – Dufoto, Roma: 41,2 – EPT, l'Aquila: 150,3 – Gap Italia, Milano: 108,3 – Giancarlo Gasponi, Roma: 134,1,2 – Franco Gavirati, Perugia: 27,1,3 – Elisabeth Görg, Esslingen: 83,2 – Myrna Goldstein, Venezia: 149,1–2; 105,1,2 – Barbara Huter, Stuttgart: 106,5; 132,2 – Wolfgang u. Irmela Mack, Schorndorf: 75,11 – Gerd Maier, Stuttgart: 80; 82,1; 96,3 – Enrico Martino, Torino: 106,1,2; 145,1 – J. P. Maucher, Stuttgart: 9,1–3; 10,2,4; 11,1,2; 101; 102,1,2; 104; 115,1–5; 142,1,3,4,5,6 – Mauritius, Mittenwald: 142,2 – Arnoldo Mondadori, Segrate (Milano): 108,2 – Giovanna Mungai-Maier, Stuttgart: 75,1,7,12; 89,2; 138,2,3 – Musei Capitolini-Antiquarium Comunale, Roma: 117,1–5 – Klaus Uwe Neumann, Stuttgart: 44,1–3 – Piag, Baden-Baden: (Fiore) 62,4,5; (Fabbri) 85,5; (Esposito) 85,6; (Hotel Rocca, Bazzano Bolognese): 89,6; (Bisconcini) 89,8; 147 – Sergio Salaroli, Roma: 21; 24; 29; 31,1–4; 33; 34; 43,1,3; 53,4 – Karim Sednaoui, Milano: 108,1 – Angela Solaini, Stuttgart: 79,2 – Süddeutscher Verlag, München: 53,3,5 – Ullstein, Berlin: 54

Realia:
Abitare, Milano: 132 – Albergo Ristorante Tre Ceri, Gubbio: 27 – Alfa Intes, Casoria (Napoli): 122 (Fotofil) – Alisarda, Frankfurt: 80 – Alitalia, Roma: 93 – Bompiani-Fabbri, Milano: 86 (Il nome della rosa) – Centro Sperimentale per l'Educazione Sanitaria, Perugia: 82 – Chiesi Farmaceutico, Parma: 122 (Libexin mucolitico) – Diplomat Tour, Roma: 80 (Il vacanziere) – EPT, Milano: 38 – L'Espresso, Roma: 131 (Ti odio città) – Falk-Verlag, Hamburg: 144 (Un sogno di notte di mezza estate) – Le petit, Milano: 122 (Nevral) – Arnoldo Mondadori, Milano: 97 (Via dalla pazza coda); 134 (,,Milano, eccezionale veramente?" ,,Roma: chi arriva non va più via" both from Panorama); 144 (,,Un Giro di miliardi" ,,Vivere in tuta" both from Panorama) – Navigazione sul lago di Garda, Desenzano: 93 (hydrofoil on Lake Garda) – La Repubblica: 63 (television programmes) – Rizzoli-Corriere della sera: 50; 149 (Quando a Venezia era sempre Carnevale: Qui Touring) – V.A.G. Vertriebszentrum Südwest, Ludwigsburg: 92 (Scirocco) – Velamareclub, Milano: 140 – Wyeth, Aprilia: 122 (Magnesia Bisurata Aromatic) – Peter Zumsteg, Zürich: 86 (record cover)

Pictograms:
ERCO Leuchten, Lüdenscheid: 139,1–10 – Union Internationale des Chemins de Fer, Paris: 91,1–6

Cover photo (Firenze, Cupola del Brunelleschi): Giancarlo Gasponi, Roma

Every attempt has been made to contact copyright holders, but we apologise if any have been overlooked.